Homélie de Narsès sur les trois Docteurs Nestoriens

Analecta Gorgiana

475

Series Editor

George Anton Kiraz

Analecta Gorgiana is a collection of long essays and short monographs which are consistently cited by modern scholars but previously difficult to find because of their original appearance in obscure publications. Carefully selected by a team of scholars based on their relevance to modern scholarship, these essays can now be fully utilized by scholars and proudly owned by libraries.

Homélie de Narsès sur les trois Docteurs Nestoriens

Edited and Translated by

Paulin Martin

2012

Gorgias Press LLC, 954 River Road, Piscataway, NJ, 08854, USA

www.gorgiaspress.com

G&C Kiraz is an imprint of Gorgias Press LLC

Copyright © 2012 by Gorgias Press LLC

Originally published in

All rights reserved under International and Pan-American Copyright Conventions. No part of this publication may be reproduced, stored in a retrieval system or transmitted in any form or by any means, electronic, mechanical, photocopying, recording, scanning or otherwise without the prior written permission of Gorgias Press LLC.

2012

ISBN 978-1-60724-931-3   ISSN 1935-6854

Extract from *Journal Asiatique* ninth series, vol. 14-15 (1889-90)

Printed in the United States of America

HOMÉLIE DE NARSÈS

SUR

LES TROIS DOCTEURS NESTORIENS,

PAR

M. L'ABBÉ F. MARTIN.

Narsès naquit dans la première moitié du ve siècle, à Maaltha, au nord de Mossoul. Il vint étudier puis enseigner à Édesse, dans la célèbre école des Perses. Les commentaires de Théodore de Mopsueste y jouissaient d'une grande vogue. Narsès y puisa les principes de l'hérésie nestorienne. À la mort de l'évêque Ibas, en 457[1], il dut quitter Édesse, comme les autres partisans de l'évêque défunt. Avec Barsauma, il se retira à Nisibe. Barsauma devint évêque de la ville et y fonda une école que Narsès dirigea pendant cinquante ans, sauf une courte interruption. Narsès avait passé auparavant vingt années à Édesse. Il mourut en 507.

Pendant cette longue vie d'étude, le professeur nestorien composa de nombreux ouvrages sur la Bible, la liturgie, etc., et en particulier beaucoup d'homélies, 360, dit-on.

Nous n'avons qu'une partie de ces homélies, conservées dans un manuscrit de Mossoul. Le Musée Borgia, à Rome, et la Bibliothèque royale de Berlin possèdent chacun une

[1] M. Rubens Duval a établi cette date dans sa *Littérature syriaque*, Paris, 1899, p. 345 et 346. Voir *ibid.*, les raisons qui lui ont fait placer la mort de Narsès en 507.

copie de ce manuscrit. L'homélie dont je publie ici le texte et la traduction, a été copiée sur le manuscrit du **Musée Borgia**[1], Siriac, K. VI-5, p, 159-184. Ce manuscrit, comme celui de Berlin, est très richement vocalisé. Je n'ai pas cru devoir en reproduire tous les points-voyelles. Les anciens manuscrits contenaient peu de points diacritiques; leur surabondance dans notre texte est due à des copistes modernes. De plus, cette vocalisation est parfois erronée; souvent elle donne la prononciation plus ou moins corrompue des Nestoriens actuels et non la prononciation ancienne du temps de Narsès.

En attendant la publication des œuvres complètes de Narsès, j'ai cru que la connaissance de ce discours ne serait pas sans intérêt pour l'étude des grandes hérésies du ve siècle et pour celle de la littérature syriaque.

L'homélie a pour sujet l'éloge des « Pères docteurs » Diodore de Tarse, Théodore de Mopsueste et Nestorius. Les deux premiers n'avaient pas été, à proprement parler, des apôtres du nestorianisme; ils étaient morts avant que l'hérésie ne se manifestât au grand jour. Mais leur enseignement, surtout celui de Théodore, contenait en germe la doctrine que Nestorius devait afficher avec tant d'éclat.

Narsès proclame l'excellence de cette doctrine, et cherche à la venger des attaques « des pervers », de « l'Égyptien » et de ses partisans, c'est-à-dire de saint Cyrille d'Alexandrie et des autres évêques catholiques, qu'il accuse de monophysisme et qu'il assimile aux hérétiques du temps. Pour lui, ce fut la jalousie de Cyrille qui causa tous les malheurs de Nestorius. « L'Égyptien », appuyé sur des femmes, Pulchérie et

---

[1] M. R. Duval a bien voulu mettre à ma disposition une copie qu'il avait fait exécuter au Musée Borgia. Je tiens aussi à remercier mon excellent maître des conseils et des encouragements qu'il m'a donnés à cette occasion. C'est à lui que revient tout ce qu'il y a de meilleur dans ce travail. — Je signalerai les variantes du manuscrit de Berlin, *Catalogue Sachau*, n° 57, p. 190 et suiv., d'après la collection faite par M. Joseph Horovitz. Dans les notes, A = ms. de Rome, B = ms. de Berlin.

ses sœurs, *les vierges reines*, fit convoquer le concile d'Éphèse (431) et obtint la condamnation de la doctrine « des justes ».

Mais, en réalité, cette condamnation n'atteignit ni Diodore et Théodore qui étaient morts, ni Nestorius qui ne s'était pas présenté au concile. Elle était d'ailleurs sans valeur parce qu'elle contredisait la doctrine de l'Église, et jetait le trouble dans tous les esprits. Et, pour le prouver, Narsès fait ressortir habilement la confusion produite par la lutte qui se livra autour des *anathématismes* de saint Cyrille. Il conclut que les trois « justes » ont été opprimés injustement par des hommes suscités par Satan, mais que la victoire leur est demeurée malgré tout.

L'homélie est écrite en vers de douze syllabes, groupés en strophes, deux par deux. Il ne faut pas y chercher un modèle de l'application des règles oratoires telles que nous les entendons aujourd'hui. Les conceptions des Syriens n'étaient pas les nôtres. La longueur et les répétitions, qui nous paraissent si fastidieuses, leur plaisaient beaucoup. Narsès s'est gardé de les éviter. Loin de s'astreindre à suivre la marche des événements, il laisse sa parole errer au gré de sa pensée, de la vie de ses héros à l'histoire du concile d'Éphèse, pour recommencer la biographie des trois docteurs au moment où nous attendrions la conclusion du discours.

Son œuvre n'en est pas moins un des meilleurs morceaux du genre, et un excellent spécimen de la littérature syriaque. Elle appartient à la bonne époque, à l'époque classique, et ne porte pas de traces de l'influence étrangère. Surtout elle est écrite avec verve. Narsès n'est pas seulement un contemporain des grandes luttes christologiques du ve siècle; il en est un acteur. Sa fortune a subi le contre-coup de la condamnation de Nestorius et de ses erreurs par le concile d'Éphèse. Lui aussi, il se place parmi les « justes » que le démon cherche à opprimer depuis l'origine du monde. En la personne des docteurs nestoriens, il venge la sienne. Ces ressentiments donnent à sa parole une âpreté mais aussi un intérêt que nous ne sommes guère habitués à rencontrer dans ce genre de composition.

Après le récit de l'homélie venait le chant de la *sougitha*, ou cantique alternant, sur le même sujet. La sougitha sur les trois docteurs nestoriens a été déjà publiée, avec les autres sougithas de Narsès, par Feldmann, d'après le manuscrit de Berlin [1]. Néanmoins j'en reproduirai le texte à la suite de l'homélie, avec laquelle elle forme un tout.

Elle se compose de deux parties, un prologue et un dialogue entre Cyrille et Nestorius. Comme l'homélie, elle est écrite en vers, mais en vers de sept syllabes, ou vers de saint Éphrem. Dans chaque ligne il y a deux vers, qui forment ce que les Syriens appelaient une « maison ». Le dialogue est alphabétique et comprend vingt-deux divisions. Dans chaque division, il y a deux strophes comprenant chacune deux lignes et quatre vers, et commençant toutes les deux par la même lettre de l'alphabet.

Une strophe est placée dans la bouche de Cyrille, l'autre dans celle de Nestorius. La tournure du dialogue, favorisée par la brièveté du vers, est très vive, beaucoup plus vive que celle de l'homélie. Narsès fait discuter les deux adversaires avec la passion qui l'animait lui-même. Il est remarquable que, dans cette sougitha au moins, Narsès n'appuie pas sa doctrine sur des raisons philosophiques. Il ne met dans la bouche de saint Cyrille et de Nestorius que des arguments tirés de l'Écriture sainte.

---

[1] Franz Feldmann, *Syrische Wechsellieder von Narsès*, Leipzig, 1896, p. 19-23.

[1] B ܕܢܥܘܢܝ̈.

[1] A ܒܕܩܐ.

B .

¹ A . — ² B . — ³ A .

HOMÉLIE DE NARSÈS.

[1] B deest . — [2] B . — [3] B .

XIV.   30

---

¹ A . — ² B .

HOMÉLIE DE NARSÈS. 457

¹ B

¹ B ܠܬܛܩܘܢ.

HOMÉLIE DE NARSÈS. 459

[1] B . — [2] B . — [3] A .

¹ B . — ² B . — ³ B .

---

[1] B . — [2] B . — [3] A .

ܘܩܦܣ ܠܗܘܢ ܐܪܒܥܐ ܐܪܒܥܝܢ ܐܠܦܝܢ¹ ܕܦܪܫܐ ܀
ܘܠܦܩܚܐ ܕܡܠܟܐ ܐܬܘ ܡܢ ܩܕܡܝܟ ܡܢ ܩܕܡܘܗܝ܆
ܘܗܢܘ ܫܡܗܘܢ ܕܐܝܠܝܢ ܕܐܬܘ ܘܡܗܝܡܢܝܢ ܗܘܘ܀
ܡܗܝܡܢܐ ܗܘܘ ܕܠܐ ܗܘܬ ܕܐܠܗܐ ܐܝܬ ܐܠܟܐ܆
5 ܘܕܒܪܗ ܐܬܐܪܐ ܒܗ ܐܦ ܨܝܒܗ ܢܦܩ ܘܝܠܕ ܀
ܐܟܠܘܗܝ ܠܗܢ ܬܐܪܬܐ ܕܐܝܬ ܒܝ ܒܐܠܘܗܬܐ :
ܐܝܠܟܗ܆ ܘܐܝܟ ܠܐ ܐܡܪܝܢ ܕܒܪܐ ܓܒܝܠܐ ܗܘ ܀
ܕܘܢ ܐܟܘܬܟ ܐܝܟ ܒܪܢܫܐ ܐܡܪܬ ܠܢ ܐܠܗܐ :
ܕܢܦܩܘ̈ܢ ܡܢܟ ܓܒܝܠܐ ܕܐܝܬ ܗܘ ܡܢ ܒܪ ܟܝܢ܀
10 ܒܟܣܦܢܘ ܐܝܟ ܐܚܪܝܢ ܗܘܘ ܕܟܠ ܕܝܢ ܗܘܐ ܀
ܘܒܘ̈ܬܐ ܒܪܕܐ ܐܢܝܢ ܕܗܘܝܢ ܕܡܠܟܐ ܕܡܬܘ̈ܗܢܐ :
ܕܕܝܢ ܒܝܕ ܛܠܘ ܫܒܝܥܐ ܫܡܥܘܢ ܕܡܚܪܐ ܕܚܡܪܐ :
ܘܦܕܠܐ ܘܒܒ̈ܠܐ ܕܥܡܠܝ ܕܥܒܪܐ ܘܦܘ̈ܠܐ ܀
ܘܕܡܣܗܕ ܠܐܝܟܢ ܕܠܫܡܪܓ ܡܠܟܐ ܒܪ ܐܘܬܐ ܆
15 ܥܡ ܚܕ ܗܘܘ ܘܣܘܡܩ ܕܒܪܗ ܕܬܗܘ ܐܠܐ ܐܪܒܥܝܢ ܀
ܠܦܩܚܠ ܐܘܒܒ̈ܐ ܕܒܪܗܝܢ ܗܘܘ ܓܒܐ ܕܒܒܘܪܐܬܐ :
ܘܦܫܟܘ ܐܝܟ ܠܕܝܬܐ ܩܕܡ ܐܠܟܐ ܕܗܝܡܢܘܬܐ܀
ܠܕܗܘܠܡܣܘܟ ܐܓܒܐ ܓܒܪ̈ܐ ܕܐܬܒܪܗ ܦܘܝܒܕ ܐܢܝܢ :
ܘܟܠܒܐ ܐܝܟ ܐܘܘ ܠܕܝܬܐ ܕܗܘܐ ܢܦܫ ܕܚܟܝܢ܀
20 ܠܕܗܢܐܟ ܐܓܒܐ ܡܒܒ̈ܐ ܡܠܘܗܝ ܒܪܒܕ ܐܝܕܐ܆
ܘܦܫܟܘ ܐܝܟ ܠܕܝܬܐ ܚܓܒܕ ܡܠܟܐ ܣܡܝܪܘܗܝ ܀
ܚܕܒܪ ܘܒܝܒܬܐ ܕܛܠܝܟ ܛܒܥܐ ܠܕܝܪܝܘܗܝ :
ܘܐܬܦܠܐ ܒܒܝܬ ܥܠܡܝܢ ܚܝ ܐܝܟ ܒܪ ܕܒܪܐ ܘܡܫܠܡܘܬܗ ܀
ܒܫܕܒܝ ܒܬܘܟܢܨ ܠܕܝܬܐ ܕܗܘ ܐܠܟܐ ܣܘܡܩܐ ܀
25 ܐܠܐ ܒܝܘܕ ܫܒܝܥܐ ܣܢܘ̈ܬܐ ܕܒܕܪ ܐܓܝܒܘܬܗ ܀

¹ A ܐܠܦܝܢ.

HOMÉLIE DE NARSÈS. 463

ܘܛܠܡܐ ܣܒܝܣܐܝܬ ܥܠܝ ܠܘܩܒܠ ܣܘܢܩܢܗ :
ܘܢܓܕܗ ܦܘܡܗ ܕܩܘܒܠܐ ܠܩܒܠ ܕܠܡܐ ܢܡܠܘܗ̈ܝ ܀
ܘܩܥܐܘܗܝ ܪܥܝܢܐ ܢܢܣܐ ܠܢܣܝܘܢܐ ܕܐܢܫܘ̈ܬܐ :
ܘܐܡܘܗ̈ܝ ܝܠܦܐ ܕܠܐ ܕܠܐܚܪܢܐ ܒܗ ܐܡܪܐ ܕܐܦܢ ܀
ܘܐܢܦܫܗ ܬܒܥ ܡܢܗ ܐܢܝ̈ܐ ܥܠ ܣܘܪܚܢܐ : 5
ܘܠܐ ܐܠܗܐ ܕܐܡܪ ܟܠܠܟ ܘܨܪ̈ܝ ܥܠܘ̈ܬܐ ܀
ܡܘܐܡܢ ܥܒܘܕܐ ܠܕܐܒ̈ܐ ܠܩܘܒܠܢ ܕܢܚܣܐ ܘܐܢܐ :
ܐܘܒܗ ܐܘܟܡܘ̈ܗܝ ܕܓܒܪܐ ܐܝܟܢܐ ܕܢܡܠܐ ܟܠܗ ܚܘܒܗ ܀
ܘܐܝܬܘܗܝ ܡܥܠܠܘ̈ܗܝ ܠܒܥܘܬܗ ܕܐܠܐ ܠܥܝܪ ܢܪܡܐ :
ܐܠܐ ܟܢܝܢܘܬܗ ܬܒܥ ܥܕܪܢܘܗܝ ܡܢ ܥܘܕܪܢܗ ܀ 10
ܢܒܥ ܟܕ ܢܒ̈ܗ ܗܡܣܐ ܕܢܒܥܐ ܢܘܕܥܐ ܕܐܢܫܘ̈ܬܐ :
ܘܗܘܕܥ ܐܢܝ ܐܣܟܘܠܛܘܗ̈ܝ ܕܗ ܠܟܠܗܘܢ ܀
ܘܗܟܒܘ ܕܢܚܘܝ ܠܣܘܢܩܢܗ ܕܓܒܪܐ ܘܠܐ ܕܡܙܕܢܟ :
ܘܐܢܐ ܐܙܠܬܗ ܠܕܒܝܚܘܬܐ ܠܣܘܢܩܢܗ ܠܐܢܫܐ ܀
ܣܦܐ ܐܢܫܐ ܕܗܘ ܠܒܠܐܝ ܠܕܗ ܐܢܫܐ : 15
ܘܗܒ ܥܠ ܕܢܝܚܐ ܐܢܝ ܥܠܘܗܝ ܥܠ ܟܠ ܐܘܠܨܢܐ ܀
ܐܦ ܐܘܠܨܢܐ ܕܓܒܪܐ ܐܬܬܥܝܪܬ ܟܕ ܐܬܒܥܝܬܗ :
ܘܠܐ ܐܦܩܗܘ ܐܘܟܠܟܠܐ ܕܠܥܝܪ ܫܟܝܚܐ ܢܕܐܥܗ̈ܝ ܀
ܐܦ ܐܕܐ ܕܪܒ ܗܘܐ ܟܠܒܗ ܕܗܪܓܒܘܥܐ ܗܕܐ ܡܗܕܝܐ :
ܘܠܐ ܕܢܕܘܩ ܠܘܕܝܠܗ ܡܢ ܕܘܒ̈ܪܐ ܕܚܘܘܗ̈ܝ ܕܓܒܪܐ ܗܘܘ ܀ 20
ܛܒ ܐܟܝܠ ܗܘܐ ܐܢܫܐ ܒܢܝ ܚܕ ܠܛܘܠܠ ܗܕܐ ܣܘܪܚܢܐ :
ܗܘܪܕܐ ܗܘܬ ܡܢܗ ܡܢ ܣܘܢܩܢܗ ܐܬܟܠܗܝ ܀
ܠܦܐܘܬ ܗܘܬ ܚܘܒܗ ܠܣܘܢܩܢܗ ܡܢ ܣܘܢܩܢܗ :
ܘܠܐ ܐܬܟܠܗ ܗܝܪ ܕܗܣܘܟܗܘܗܝ ܠܐܡܒܐܘܬܐ ܀

[1] Cod. add. : ܗܒ ܥܠ ܕܢܝܚܐ ܐܢܝ ܠܕܗ ܐܢܫܐ ܕܗܘ ܗܘܐ
ܐܫܝ.

[1] B . — [2] B . — [3] B . — [4] B .

HOMÉLIE DE NARSÈS.

---

[1] B . — [2] A . — [3] A .

---

[1] A . — [2] A deest . — [3] B .

HOMÉLIE DE NARSÈS. 467

[1] B . — [2] B .

[1] B — [2] A — [3] B deest —
[4] B

HOMÉLIE DE NARSÈS.

---

[1] B . — [2] B . — [3] B .

[1] B ܡܛܠܒܟܠ — [2] B ܕܦܕܓܩܐ — [3] A ܠܕܡܐ —
[4] B ܟܠܗ ܀

HOMÉLIE DE NARSÈS.

 (sic)
 (sic) 15
[1] A . — [2] B .

XIV. 31

[1] A . — [2] A .

¹ A . — ² B .

1 B

---

[1] A ܡܨܠܠܐ. — [2] A ܡܢܗ̇. — [3] A ܕܐܒܐ. — [4] B ܐܠܐ ܡܬܦܢܐ.

HOMÉLIE DE NARSÈS. 477

[1] B ܕܢܘܗܝ. — [2] A ܟܠܐ.

[1] B ܐܝܟ.

HOMÉLIE DE NARSÈS. 479

---

[1] A . — [2] A . — [3] B . — [4] B .

HOMÉLIE DE NARSÈS. 481

[1] B .

 (sic):
---

[1] B . — [2] B .

ܐܝܟܐ ܕܓܒܠܐ ܢܚܘܡ ܥܠ ܥܕ ܥܡ ܬܚܣܢ݁:
ܘܠܐ ܢܬܦܠܓ ܒܗ̇ ܥܠ ܗܢܐ ܕܚܟܡ ܒܡܪܢܘܬܗ ܀

ܚܘܬܡܐ:
ܒܪܝܟ ܗܘ ܚܝܠܐ ܕܕܪܫ ܒܓܒܘܠܗ̇܆
ܘܡܢܗ ܐܠܦܗ̇ ܕܘܒܪ̈ܐ ܕܡܪܢܘܬܐ ܀

5

K

[1] B deest . — [2] B .

---

[1] B .

---

[1] B . — [2] B .

HOMÉLIE DE NARSÈS. 487

[1] B . [2] A . [3] A .

¹ A . — ² A . — ³ B .
— ⁴ B .

HOMÉLIE DE NARSÈS. 489

---

[1] B ; A deest .

(Deest)

---

[1] A .

ܘܐܝܬ ܛܠܠܐ ܗܘ ܕܛܠܐܠܗ ܐܬܚܙܝܬ݀:
ܘܐܝܬܘ ܗܘ ܕܛܠܠܗ ܐܝܬܘܗܝ ܐܟܪܝܙ ܀

ܘܡܢ̈ ܕܐܫܟܚ ܦܠܩ ܗܘ ܡܢ ܟܠܕ݂:
ܘܐܚܕ ܐܬܒܥܝܬ݀ ܐܝܟ ܕܐܡܝܪܐ܂

ܘܟܕ ܗܘ ܕܐܫܟܚ ܫܪܝܪܐܝܬ ܚܕ ܒܠܚܘܕ:
ܕܬܪܝܢ ܐܟܬ ܘܠܐ ܐܫܬܟܚ ܥܡܗ ܀

ܘܐܡ݂ܪ ܕܚܕ ܡܢ ܦܠܩ ܗܘ ܟܠܕ݂:
ܘܚܙܝܢܢ ܐܟ݂ܪ ܒܗ ܘܠܟܠ.

ܐܟܬ ܡܛܠ ܡܕܡ ܕܗܘܐ ܒܟܠܘܗܝ:
ܕܝܠܦܝܢ ܠܟܠܢܫ ܕܐܢܬ ܠܒܪ ܡܢܗ ܀

ܘܐܝܬܘܗܝ ܗܘ ܐܫܬܚܪ ܥܡ ܐܚ̈ܘܗܝ:
ܡܛܠ ܐܠܗܐ ܕܐܬܒܪܐ ܐܘܠܕܘܗܝ.

ܕܠܐ ܛܒܠ ܕܚܕ ܡܢܘ ܗܘܐ:
ܐܠܐ ܛܒܠ ܕܗܘܐܕܪܘܢ ܀

ܢܐܙܠ ܠܐܒܐ ܕܪܘܚܐ ܚܕܝ̈ܐ ܠܒܠܝܣܘܗܝ:
ܘܗܒܒܠܝܘ ܚܠܡܗ ܕܐܒܐ ܕܗܒܘܢ ܘܐܒܗ.

ܘܢܬܕܒܪ ܗܘ ܒܗܕܒܝܬ ܫܡܝܐ:
ܫܡܝܐ ܘܐܪܥܐ ܡܢܢ ܘܠܚܕܕܐ ܀

ܢܚܙܐ ܐܝܟܪ ܕܗܘܐ ܝܕܕ ܥܠܝܢ:
ܐܘܝܘܬܐ ܕܒܐܝܟ ܘܒܐܪܥܐ ܗܕܐ܀

¹ B ܐܘܣ. — ² B ܠܒܠܝܣ.

ܕܚܠܘܬܗ ܕܪܒܐ ܗܘ ܐܝܟ ܕܗܘܐ ܠܟܘܢ܀
ܘܡܢܝܢܗ ܘܪܒܗ ܚܕܐ ܒܚܕܐ ܫܘܝܢ܀

ܫܠܡ ܡܐܡܪܐ ܩܕܡܝܐ
ܘܠܐܠܗܐ ܫܘܒܚܐ

LES
INSCRIPTIONS DU PREAH PEÂN
(ANGKOR VAT),

PAR

M. ÉTIENNE AYMONIER.

Dans un mémoire présenté au Congrès des Orientalistes, session de Paris, 1897, je crois avoir précisé l'époque où commencèrent les grandes constructions religieuses des anciens Cambodgiens; ce fut au règne de Jayavarman II, qui monta sur le trône en 724 śaka = 802 A. D. Je pense avoir aussi établi les dates approximatives de la fondation de la capitale Angkor Thom et de son superbe temple, le Bayon; ces travaux colossaux furent probablement conçus et entrepris pendant le long règne de ce grand roi, mais ils ne furent achevés et inaugurés que par ses successeurs : le Bayon, par Indravarman, vers 880 A. D., et Angkor Thom, par Yas'ovarman, le premier roi qui fixa sa résidence à cette nouvelle capitale, vers l'an 900 de notre ère.

L'édification des grands monuments se poursuivit, avec des alternatives diverses, pendant les règnes des

TABLE DES MATIÈRES

CONTENUES DANS LE TOME XIV, IXe SÉRIE.

MÉMOIRES ET TRADUCTIONS.

	Pages.
Procès-verbal de la séance générale du 20 juin 1899	5
Rapport de la Commission des censeurs sur les comptes de l'exercice 1898, lu dans la séance générale du 20 juin 1899.	8
Rapport de M. Specht, au nom de la Commission des fonds, et comptes de l'année 1898	9
Annexe au procès-verbal : Bardesane l'astrologue (M. F. Nau).	12
Ouvrages offerts à la Société (séance du 20 juin 1899)	19
Tableau du Conseil d'administration conformément aux nominations faites dans l'assemblée générale du 20 juin 1899.	22
Liste des membres souscripteurs par ordre alphabétique	24
Liste des membres associés étrangers suivant l'ordre des nominations	42
Liste des sociétés savantes et des revues avec lesquelles la Société asiatique échange ses publications	43
Liste des ouvrages publiés par la Société asiatique	46
Collection d'auteurs orientaux	48
Les premières invasions arabes dans l'Afrique du Nord (M. Caudel). [Suite.]	50
Les sanctuaires du Djebel Nefousa (M. R. Basset). [Fin.]	88
Six chansons arabes en dialecte maghrébin (M. C. Sonneck). [Suite.]	121
La Kacîdah d'Avicenne sur l'âme (M. Carra de Vaux)	157
Les premières invasions arabes dans l'Afrique du Nord (M. Caudel). [Fin.]	187

NOVEMBRE-DÉCEMBRE 1899.

Six chansons arabes en dialecte maghrébin (M. C. Sonneck). [Fin.] 223

Note sur quatre systèmes turcs de notation numérique secrète (M. J.-A. Decourdemanche)............................ 258

Le Bodhisattva et la famille de tigres (M. L. Feer)........ 272

Notice sur le cheikh Mohammed Abou Ras en-Nasri de Mascara (Gal G. Faure-Biguet).......................... 304

Notice sur Gabriel Devéria (M. Éd. Chavannes)........... 375

Notice sur le cheikh Mohammed Abou Ras en-Nasri de Mascara (Gal G. Faure-Biguet). [Fin.]................... 388

Le croisé lorrain Godefroy de Ascha, d'après deux documents syriaques du xiie siècle (M. F. Nau)..................... 421

Nouvel essai d'interprétation de la seconde inscription araméenne de Nirab (M. P. de Kokowzoff)................. 432

Homélie de Narsès sur les trois docteurs nestoriens (texte syriaque) [M. l'abbé F. Martin].......................... 446

Les inscriptions du Preah Peân (Angkor Vat). [M. É. Aymonier.].. 493

NOUVELLES ET MÉLANGES.

Numéro de juillet-août 1899......................... 174
   Bulletin d'épigraphie sémitique........................ 174
   Le janissaire Békir-Agha, maître de Baghdad (Cl. Huart).... 175

Numéro de septembre-octobre 1899 352
   Le manuscrit sur «olles» du Premier président Lamoignon (L. Feer)... 352
   Bibliographie : Grammaire élémentaire de la langue persane, par M. Cl. Huart. (B. M.) — Abhandlungen zur arabischen Philologie, von Ignaz Goldziher. (J. de Goeje.) — Répertoire des articles relatifs à l'histoire et à la littérature juives parus dans les périodiques de 1783 à 1898, par Moïse Schwab. (Mayer Lambert.) — The Heart of Asia, by F. H. Skrine and E. Denison Ross. (E. Drouin.) — Recueil d'archéologie orientale, par M. Clermont-Ganneau. (Sommaire des matières contenues dans le tome III.)... 361 à 373

Numéro de novembre-décembre 1899................... 530

Procès-verbal de la séance du 10 novembre 1899 530

TABLE DES MATIÈRES.

Annexe au procès-verbal : Étymologies bibliques (J. Halévy). 533

Ouvrages offerts à la Société................................ 536

Procès-verbal de la séance du 8 décembre 1899............. 542

Annexe au procès-verbal : Étymologies bibliques (J. Halévy). 545

Ouvrages offerts à la Société................................ 551

    Note sur la date du Nirvâna (L. Feer)..................... 555

    Notice sur une nouvelle monnaie tangoutaine (Dr S. W. Bushell)... 558

    Bibliographie : Die Handschriften-Verzeichnisse der kœniglichen Bibliothek zu Berlin, von Ed. Sachau. (R. Duval.) — Ngann-nann-tche-luo. Mémoires sur l'Annam, par Cam. Sainson. (Éd. Chavannes.) — Note sur un article de M. de Harlez paru dans le «T'oung-pao», par M. de Harlez. (M. M. Courant.) — Les religions et les philosophies dans l'Asie centrale par le comte de Gobineau. (B. M.) — Congrès international d'histoire des religions... 560 à 568

JOURNAL ASIATIQUE

NEUVIÈME SÉRIE

TOME XV

JOURNAL ASIATIQUE

OU

RECUEIL DE MÉMOIRES

D'EXTRAITS ET DE NOTICES

RELATIFS À L'HISTOIRE, À LA PHILOSOPHIE, AUX LANGUES
ET À LA LITTÉRATURE DES PEUPLES ORIENTAUX

RÉDIGÉ

PAR MM. BARBIER DE MEYNARD, A. BARTH, R. BASSET
CHAVANNES, CLERMONT-GANNEAU, DROUIN, FEER, HALÉVY, MASPERO
OPPERT, RUBENS DUVAL, E. SENART, ETC.

ET PUBLIÉ PAR LA SOCIÉTÉ ASIATIQUE

NEUVIÈME SÉRIE

TOME XV

PARIS

IMPRIMERIE NATIONALE

ERNEST LEROUX, ÉDITEUR

HOMÉLIE DE NARSÈS

SUR

LES TROIS DOCTEURS NESTORIENS,

PAR

M. L'ABBÉ FRANÇOIS MARTIN.

(SUITE ET FIN[1].)

HOMÉLIE COMPOSÉE PAR MAR NARSÈS.

HOMÉLIE DES PÈRES DOCTEURS
MAR DIODORE, MAR THÉODORE ET MAR NESTORIUS.

Répons : Que le souvenir des Justes, de siècle en siècle, ||

[PAGE 450, lignes 5-10.] se conserve au ciel jusqu'à l'éternité! Mes Frères : || Une juste indignation m'a fortement angoissé à cause des justes, || car pourquoi le bienfait de leurs œuvres est-il nié? || Leurs bienfaits[1]! J'ai vu qu'ils étaient nombreux

---

[1] Voir *Journal asiatique*, nov.-déc., 1899, p. 446 et suiv.

[2] Cette homélie se compose de strophes de deux vers de douze syllabes. La division strophique est souvent indiquée par la répétition, au commencement de la strophe, d'un mot ou d'une pensée

parmi les êtres terrestres, ‖ et j'ai beaucoup souffert de ce que les justes sont tant opprimés. ‖ Avec une grande injustice, les rebelles[1] ont opprimé ceux qui connaissent la vérité,

[L. 11-15.] et ils ont odieusement méprisé et ridiculisé leurs paroles. ‖ Par leurs paroles, les hommes ont vu la vérité évidente, ‖ et les non véridiques sont restés dans l'obscurité, loin de la lumière de la foi. ‖ Comme avec du sel, ils ont assaisonné le monde par leurs interprétations, ‖ mais les durs de cœur sont restés insipides, privés de la saveur de la parole de vie.

[L. 16-20.] La voie de la vie, ils l'ont enseignée dans la création aux mortels, ‖ et ceux qui étaient morts par le péché ne sont pas ressuscités de leurs fautes. ‖ Les querelleurs ont été les ennemis de la vie par leurs querelles, ‖ par cela qu'ils ont haï la parole de vérité (enseignée) par les doctes. ‖ La parole de vérité, les véridiques l'ont aimée par-dessus tout, ‖

[P. 451, l. 1-5.] et les enfants de l'erreur les ont appelés les ennemis de la vérité. ‖ Leurs paroles puissantes proclament la vérité évidente, ‖ mais les insensés s'écrient que les paroles de leurs esprits ont

---

de la strophe précédente. Dans la traduction, cette répétition n'est pas toujours aussi évidente que dans le texte.

[1] Par «les rebelles, les non véridiques», etc., Narsès désigne toujours saint Cyrille et ses partisans; par «les justes, les véridiques», il entend les trois docteurs nestoriens.

menti. ‖ Comme la trompette, la vérité crie dans leurs livres, ‖ mais l'oreille de l'endurci fut comme le rocher qui ne s'attendrit pas.

[L. 6-10.] Les véridiques ont bien saisi l'esprit des livres divins, ‖ et ils ont interprété exactement la puissance de leurs sens[1]. ‖ Le rebelle, ennemi des hommes, a vu la vérité qui est en eux, ‖ et il les a excités à haïr ces hommes comme des méchants[2]. ‖ C'était une haine méchante que le méchant jeta dans l'esprit des insensés,

[L. 11-15.] pour qu'ils outrageassent la parole de vérité qui est dans les doctes. ‖ C'est sa semence à lui, cet enseignement qui germa sur la terre, ‖ car il savait que le penchant de leur cœur les porte à écouter ses paroles. ‖ Par les rusés, le rusé est habitué à triompher, ‖ et, par eux, il lance les traits de ses ruses sur la troupe des justes.

[L. 16-20.] Par leur bouche, il combat les justes dans tous les siècles, ‖ et, par leur langue, il a dévasté les rangs des fidèles. ‖ C'est là son but depuis l'origine de la création de l'homme ‖ que, par les hommes, il organise le combat contre les hommes. ‖ Il a l'habitude de combattre corporellement avec les corporels,

[1] Allusion aux commentaires de Théodore de Mopsueste sur la Bible.

[2] La construction de cette phrase est embarrassée et prête à l'équivoque. Le sens est : «Le démon (le rebelle) a excité les hommes à haïr les trois docteurs à cause de la vérité qu'ils possèdent.»

[L. 21-25.] car sa nature est pure de mélange[1] et invisible. ‖ Par le serpent corporel, il lutta d'abord avec la fille de l'homme, ‖ et, par sa langue, il sema l'erreur dans les oreilles d'Ève[2]. ‖ Par une main de chair, il tua Abel, le premier-né des justes, ‖ et par l'envieux, il accomplit la volonté de sa jalousie[3].

[P. 452, l. 1-5.] Par la bouche du rebelle, il a outragé le saint, pur de tout péché, ‖ et il s'est moqué et il a ri, le vil fils, de son père[4]. ‖ Par la jalousie des frères de Joseph, il a vendu Joseph, ‖ et il l'a fait esclave de la race de Canaan, l'esclave des esclaves[5]. ‖ Par l'Israélite, il a chassé Moïse du pays de Pharaon,

[L. 6-10.] et il l'a loué lui-même au devin, au serviteur des démons[6]. ‖ Par Saül, le réceptacle des démons, le démon chassa David, ‖ et il souffrit et il gémit pendant qu'il demeurait dans le pays des étrangers[7]. ‖ Le rusé a lésé tous les justes par sa ruse, ‖ et il n'y a pas de juste qu'il n'ait outragé par la bouche des rebelles.

[L. 11-15.] Par la bouche des rebelles, il a accompli sa volonté dans tous les siècles, ‖ et il n'a

---

[1] Ce mot est au pluriel dans B (le ms. de Berlin) : « Pure de mélanges ».
[2] Gen., III, 1-5.
[3] Gen., IV, 3-8.
[4] Gen., IX, 20-23.
[5] Gen., XXXVII.
[6] Exode, II, 11-22.
[7] I Samuel, XVI, 14-16; XXI-XXIV et XXVI-XXIX.

jamais cessé de lutter contre les véridiques. ‖ Un seul homme a comprimé son ardeur combative ‖ et, par ses prédications, a arrêté le cours de ses vexations[1]. ‖ Un peu de temps, les mortels se sont reposés de sa lutte,

[L. 16-20.] mais, après un temps, il est revenu à son combat, plein d'artifice. ‖ Un combat pervers, il aime à livrer aux terrestres, ‖ et voici qu'il médite des ruses pour accomplir son désir. ‖ Avec les véridiques, il a l'habitude de combattre, lui, le suprême imposteur, ‖ et, par les menteurs, il montre la puissance de son artifice.

[L. 21-25.] Par la bouche des faussaires, il interprète sa fausseté frauduleuse, ‖ et, par leur langue, il lance des outrages contre les chastes et les justes[2]‖. Contre les justes, il dirige le but du combat, ‖ car il sait qu'ils peuvent détruire la hauteur de son édifice de fausseté. ‖ Sa fausseté, les véridiques l'ont détruite par la force de leurs discours,

[P. 453, l. 1-5.] et, à cause de cela, il aboie à toute heure contre leurs paroles. ‖ Comme un chien, il aboie à toute heure par la bouche des rebelles, ‖ et il fatigue l'ouïe des intelligents par son importunité. ‖ Cet enragé, ce chien doué de raison, possède l'habitude des chiens, ‖ et, lorsqu'il voit quelqu'un qui ne l'écoute pas, il enrage et devient furieux.

[1] Allusion à la prédication de Notre-Seigneur Jésus-Christ.
[2] Dans A (le ms. du Musée Borgia), on lit : «les chastes justes». ი, «et», ne se trouve que dans B.

[L. 6-10.] A cette heure même, il a vu trois hommes qui enseignaient bien, ‖ et il a commencé à gémir comme avant Notre-Seigneur. ‖ Avec un dard semblable à celui des apôtres, les justes l'ont piqué, ‖ et il a été troublé et terrifié par la dureté de leurs paroles. ‖ Les serviteurs de la foi ont lancé trois flèches contre lui,

[L. 11-15.] et ils lui ont appris la force de la divinité qui était en eux. ‖ Par la foi, ils ont scruté le mystère de la foi, ‖ et ils l'ont révélé et montré aux yeux des êtres terrestres et des êtres célestes. ‖ Ils ont placé la divinité et l'homme comme un but devant l'humanité, ‖ pour que les hommes apprennent à proclamer le Verbe et le corps [1].

[L. 16-20.] Le Verbe et le corps, ces hommes doués d'une intelligence habile les ont proclamés, ‖ et voici que les démons belliqueux et les hommes insensés sont furieux. ‖ Les justes ont interprété une seule essence qui est trois, ‖ et ils lui ont rattaché un homme par l'union. ‖ Sous une seule appellation, les justes ont désigné le Verbe et le corps,

[1] C'est-à-dire à distinguer le Verbe du corps. La doctrine nestorienne ne distinguait pas seulement deux natures dans le Christ, la nature divine et la nature humaine ; elle y distinguait aussi deux personnes, celle du Fils de Dieu et celle du Fils de l'homme, comme nous le voyons plus loin, vers 22 et 23. L'union qui régnait entre les deux natures n'était, à ses yeux, qu'une union morale, et le corps du Christ que le temple dans lequel habitait le Verbe. La doctrine catholique enseigne au contraire l'existence dans le Christ de deux natures distinctes, la nature divine et la nature humaine, mais intimement, *hypostatiquement* unies dans une seule personne, celle du Verbe.

[L. 21-25.] le fils de la divinité et le fils de l'humanité sous une seule figure. ‖ Un est le Verbe, fils du Père, sans commencement, ‖ et un le fils de l'humanité, la race d'Adam. ‖ Deux par la nature, en tout ce qui est de l'Être suprême et de l'homme, ‖ un par l'honneur et le pouvoir est le Fils de Dieu. ‖

[P. 454, l. 1-.5] Le Fils de Dieu est un par la figure, non par la nature, ‖ car l'être qui est être et l'homme qui est homme sont deux natures qui furent un [1]. ‖ Voilà la parole que les justes ont proclamée aux oreilles des hommes ‖ et les insensés l'ont entendue et en ont fui l'intelligence. ‖ Ce sens, les trois véridiques dont j'ai parlé l'ont compris,

[L. 6-10.] et ils n'ont pas faibli devant le bruit des outrages des démons et des hommes. ‖ Les démons et les hommes les ont outragés comme des méchants, ‖ à cause de la parole de foi qu'ils avaient prêchée sur la terre. ‖ La foi, ils l'ont saisie comme un bouclier contre toutes les clameurs, ‖ et la flèche des outrages n'a pas percé [2] leurs esprits.

[L. 11-15.] Ils étaient armés spirituellement,

---

[1] Ce passage, comme plusieurs autres, semble dirigé contre les monophysites, qui soutenaient la confusion de la nature divine et de la nature humaine dans le Christ et qui furent condamnés par le concile de Chalcédoine, en 451. Peut-être Narsès gardait-il quelque rancune à Philoxène, évêque de Maboug, monophysite, à l'influence duquel on attribuait la dispersion de l'école d'Édesse.

[2] Le verbe «percé» est au pluriel dans B ܒܙܥܘ; la leçon de A est meilleure, puisque le sujet du verbe, le mot *flèche*, est au singulier.

quoique corporels, ‖ et, par leur corps, ils l'emportèrent dans le combat des passions. ‖ C'est un grand prodige, plein de lutte, que celui de leurs victoires; ‖ eux mortels, ils ont accompli des actes immortels. ‖ Ceci est une merveille qu'ils ont vaincu leur nature par leur nature même;

[L. 16–20.] ils ont donné aux facultés de leur âme la force de vaincre les passions. ‖ Ils ont empêché la source des passions de couler dans leurs membres, ‖ et leur cœur a fait jaillir la parole pure de la vérité pure[1]. ‖ Un discours pur coula des hommes à l'âme pure, ‖ mais les démons rebelles et les hommes insensés troublèrent leur breuvage.

[L. 21–25.] Un fiel mauvais a infesté les ennemis de l'âme, ‖ et ils n'ont pas voulu recevoir le doux breuvage de la foi. ‖ Par la foi, l'âme voit la foi; ‖ elle lui apprend à voir un spectacle invisible. ‖ Les justes, par leurs visions, ont révélé les choses invisibles,

[P. 455, l. 1–5.] et, comme dans la lumière, ils les ont montrées aux yeux de ceux qui voient. ‖ Le mystère d'une seule figure de l'Être suprême et de l'homme était caché; ‖ il était voilé à l'esprit des ignorants. ‖ Aux ignorants, était caché le mystère dont j'ai dit qu'il était caché, ‖ parce qu'ils ne savent pas bien regarder dans les choses qui ne sont pas manifestes.

[1] C'est la leçon de B. Dans A, on lit : «la parole pure par la vérité pure»; le sens est moins bon.

[L. 6-10.] Aux intelligents, était manifeste tout[1] ce qui était caché et visible, ‖ et ils pénètrent clairement les mystères des choses cachées. ‖ Clairement, ils ont montré[2] le mystère de la foi, ‖ et, comme un symbole, ils l'ont planté en terre devant les voyants. ‖ Des hommes ont montré aux hommes un spectacle merveilleux,

[L. 11-15.] et les non-humains n'ont pas pénétré dans ses splendeurs. ‖ Bien splendide était la parole qu'ils ont prêchée parmi les terrestres, ‖ et les hommes amis de la vérité l'ont écoutée dignement. ‖ Seuls, les sots n'ont pas voulu se laisser persuader à son sujet, ‖ et ils n'ont pas bien regardé la magnificence de l'éclat de sa beauté.

[L. 16-20.] Une jalousie haineuse a aveuglé les ennemis de l'âme, ‖ et ils n'ont pas vu la lumière dont l'éclat est plus brillant que les astres[3]. ‖ La lumière du soleil, si brillante qu'elle soit, n'est rien, ‖ si elle est comparée à l'éclat de la parole de vérité. ‖ La parole de vérité a poursuivi l'erreur des deuxièmes ténèbres,

[L. 21-25.] et voici que les méchants l'aident

---

[1] Le mot *tout*, ܟܠ, manque dans B. Cette syllabe supprimée, la facture du vers exige la vocalisation de ܓܠܐ en participe actif « il révèle », au lieu du participe passif « a été révélé », « manifesté », pour avoir une syllabe de plus. Mais on ne voit pas bien quel est le sujet de ce participe actif, quel est l'être qui révèle. La leçon de A est plus conforme au parallélisme.

[2] B : « ils ont vu ».

[3] B : « que l'astre ».

(l'erreur) à revenir en paix[1]. ‖ Les justes ont chassé au désert extérieur la crainte de la paix, ‖ afin que l'habitation des hommes ne soit pas troublée par son combat. ‖ Combattue était notre existence, et notre vie était troublée, ‖ jusqu'à ce que le Créateur des hommes nous pacifiât au moyen d'un homme.

[P. 456, l. 1-5.] Un homme a été choisi par la puissance qui a créé l'homme, ‖ et celle-ci lui a donné la force de réconcilier tous avec le tout[2]. ‖ Pour la paix des hommes il l'a choisi entre tous, lui, le Créateur de tous, ‖ et il n'est rien resté qu'il n'ait réconcilié avec sa Majesté. ‖ La puissance de sa Majesté, le Créateur de l'univers l'a révélée dans notre nature,

[L. 6-10.] et, par sa gloire, il a honoré notre race, façonnée de poussière. ‖ La vile poussière a oublié sa nature et son Créateur, ‖ et elle s'est mise à aboyer comme un chien contre le maître qui l'avait façonnée. ‖ Contre le maître qui nous a créés, les endurcis de nos jours aboient, ‖ par les injures que leur bouche vomit contre les véridiques.

[L. 11-15.] Par les véridiques, celui qui veut notre vie a manifesté sa volonté, ‖ et, par eux, il nous a appris à connaître ses mystères cachés. ‖ Il a placé

---

[1] Narsès reprend ici sa comparaison entre l'avènement du Christ et la venue des trois docteurs nestoriens. Voir *supra*, p. 473, v. 13-14. Les premières ténèbres sont celles dans lesquelles le monde était plongé à la venue du Christ; les deuxièmes, celles dans lesquelles il était retombé avant Nestorius.

[2] Cf. II Cor., v, 18 et 19; Coloss., I, 20; Rom., v, 10.

les trésors de son amour entre les mains de ceux qui aiment son amour, ‖ pour qu'ils le distribuassent avec amour à notre indigence[1]. ‖ Indigente et privée de tous les biens était notre race,

[L. 16-20.] et il a mis sa volonté en nos compagnons, afin de nous instruire. ‖ Selon sa volonté, les justes ont nourri notre misère, ‖ et, sans jalousie, ils ont sustenté notre vie dans les choses spirituelles. ‖ Spirituellement, ils nous ont montré la puissance des choses spirituelles, ‖ et, par des choses visibles, ils nous ont figuré l'image des choses cachées.

[L. 21-25.] Caché nous était le mystère de la procession du Fils et de l'Esprit, ‖ et nous ne savions pas que ce sont des êtres dès le principe. ‖ Les justes ont instruit notre ignorance dans ce qui n'est pas évident, ‖ et ils nous ont enseigné à invoquer suivant l'ordre les trois noms. ‖ Cet ordre, les endurcis de nos jours l'ont troublé,

[P. 457, l. 1-5.] et ils ont nié le labeur des hommes qui avaient établi cet ordre par leurs travaux. ‖ Des travaux pénibles, les justes ont faits pour établir cet ordre, ‖ et les sots paresseux ont appelé ceux-ci des artisans rusés. ‖ Des artisans rusés! les imposteurs les ont appelés, eux, les bons travailleurs. ‖ Et qui ne serait affligé de cette calamité, terrible à entendre!

[1] A : «à leur indigence». La leçon de B est évidemment la meilleure.

[L. 6–10.] De cette calamité, je me suis beaucoup étonné, et je m'étonne encore, ‖ et c'est pour cela que je suis entré dans une voie pleine de paroles. ‖ La parole des justes, j'ai vu qu'elle était opprimée par les oppresseurs, ‖ et j'ai voulu savoir quelle était la cause de cette injustice. ‖ J'ai choisi trois hommes dans tout le parti des justes,

[L. 11–15.] pour manifester par leur cause la cause de tous les justes. ‖ Tous les justes, les oppresseurs les ont opprimés de siècle en siècle, ‖ et, plus que tous, ils ont fortement opprimé ceux que j'ai dits. ‖ Sans mesure, les querelleurs les ont outragés, ‖ et sans doute ils ont appris des démons ce genre d'outrages.

[L. 16–20.] Les démons ont jeté une ardeur insensée dans des hommes insensés, ‖ pour qu'ils outrageassent la parole de vérité par la langue de chair. ‖ Par une langue de chair, les démons ont coutume de blasphémer, ‖ et, par un homme corporel, ils couvrent la fausseté de leurs blasphèmes. ‖ Leurs blasphèmes! j'ai vu qu'ils sont impurs et très abominables,

[L. 21–25.] et j'ai été pris d'un grand zèle pour venger sur eux l'outrage des justes. ‖ Pour les doctes, je combats contre les ignorants[1], ‖ qui furent les compagnons du démon dans la lutte contre eux (les doctes). ‖ C'est une grande lutte que les hommes en-

---

[1] C'est par erreur qu'il a été imprimé dans le texte ܡܠ ܡܠ ܟܢܐ au lieu de ܟܢܐ ܟܠ ܡܠ (*Journal asiatique*, nov.-déc. 1899, p. 457, v. 22.)

gagèrent contre les hommes, ‖ et personne ne demande quelle est la cause de ce combat.

[P. 458, l. 1-5.] Toutes les troupes étaient comme plongées dans le sommeil par cette affaire; ‖ or, je veux éveiller les hommes pour qu'ils fassent des recherches à ce sujet. ‖ Je montrerai aussitôt avec évidence le sujet de mes paroles, ‖ afin que ceux qui écoutent en connaissent le sens. ‖ Des hommes insensés, ai-je dit, ont opprimé des hommes justes :

[L. 6-10.] il faut que je montre quels sont les opprimés et quels sont les oppresseurs. ‖ Les opprimés sans cause sont des prêtres qui ont bien rempli leur ministère, ‖ Diodore, Théodore et Nestorius. ‖ Ceux-ci sont les opprimés dont j'ai parlé dès le principe, ‖ et leurs oppresseurs sont les démons et les hérétiques.

[L. 11-15.] Les hérétiques ont vu que leur fausseté avait été mise à nu, ‖ et ils ont revêtu les armes contre les hommes qui avaient revêtu la vérité. ‖ Ceux qui avaient revêtu la vérité ont détruit l'erreur des égarés, ‖ et, plus que tout autre, Diodore était armé pour les combats. ‖ Il combattit les Ariens et les Eunomiens,

[L. 16-20.] et il découvrit et révéla leur imposture devant tous les hommes. ‖ Par le glaive de l'esprit, il frappa les paroles des perfides ‖ et ils ne purent résister à la violence de la parole de sa bouche. ‖ Comme des loups, il les a dispersés au souffle de ses discours, ‖ et il a rassemblé les troupeaux dispersés par leurs luttes.

[L. 21–25.] Dans la cité d'Antioche, il commença la lutte contre les égarés[1] ‖ et, après un temps, il compléta sa victoire dans la ville de Tarse. ‖ Dans la cité de Tarse, le sort lui échut d'être prêtre, ‖ là où était né le prédicateur de tous les peuples[2]. ‖ Dans cette ville, triompha la doctrine de l'illustre prêtre,

[P. 459, l. 1–5.] et là il fut couronné comme un triomphateur sans faute et sans faiblesse. ‖ Le plus grand des triomphateurs fortifia les serviteurs vaillants, ‖ et il en fit la lumière et le sel pour l'utilité des hommes. ‖ Il envoya Théodore à une ville en proie au péché, ‖ qui était appelée du nom du vain Mopsus, le démon[3].

[L. 6–10.] Le démon installa une idole en son nom et l'appela Mopsus[4], ‖ aussi cette ville fut-elle nommée Mopsueste. ‖ Il envoya Nestorius à la ville de Byzance[5], ‖ pour qu'il y prêchât la vérité évidente

---

[1] Diodore de Tarse professa d'abord à l'école d'Antioche. Il devint évêque en 378 et mourut vers 394. Il ne nous reste rien de ses ouvrages.

[2] Saint Paul, l'apôtre des nations, était né à Tarse.

[3] Théodore, né à Antioche en 350, enseigna d'abord comme Diodore dans l'école de cette ville, dont il devint un des maîtres les plus célèbres. Il fut élevé au siège épiscopal de Mopsueste en 392 et mourut en 428.

[4] Sur Mopsus, fils de Manto, fille de Tirésias, voir Roscher, *Ausführliches Lexicon der griechischen und römischen Mythologie*, Leipzig, 1894-1897, 2", col. 3207 et suiv., s. v. *Mopsos*.

[5] Nestorius n'est pas né à Antioche, comme le dit Narsès (voir

de la foi. ‖ D'une seule ville, sortirent trois lampes de lumière,

[L. 11-15.] et l'éclat de leur direction brilla[1] dans trois villes. ‖ Dans une seule ville, eut lieu la naissance de ces trois hommes, ‖ et, dès qu'ils grandirent, ils commencèrent la lutte pour la vérité. ‖ Comme des serviteurs, la vérité les arma de sa force‖ et les envoya livrer le combat à Satan.

[L. 16-20.] La charité jeta les sorts de la charité sur les trois, ‖ et chacun d'eux se dirigea vers la contrée où l'avait envoyé le signe. ‖ Le signe mystérieux était caché dans les paroles de Théodore, ‖ et il expliquait les mystères cachés aux Mopsuestiens. ‖ On appelait Mopsuestiens les habitants de Mopsueste,

[L. 21-25.] du nom du démon qui y avait installé son idole muette. ‖ Ces noms odieux[2], l'homme habile les effaça chez eux, ‖ et il en fit des vases purs pour le nom du Créateur. ‖ Au nom du Créateur, le juste soumit la ville des démons, ‖ et lui apprit à proclamer les trois noms une seule essence.

[P. 460, l. 1-5.] Ces trois noms, le serviteur de la justice les avait saisis, ‖ et il les lançait comme

---

infra, v. 12), mais à Germanicia, en Syrie. Disciple de Théodore, il monta sur le siège de Constantinople en 428, et prêcha publiquement les erreurs de son maître. Déposé par le concile œcuménique d'Éphèse en 431, il fut envoyé en exil d'abord dans son ancien couvent, à Antioche, puis en Arabie et enfin en Égypte. La date exacte de sa mort n'est pas connue.

[1] B : « et elles firent briller l'éclat ».
[2] A : « impurs ».

des flèches contre les hérétiques[1]. ‖ Terrible était sa voix, quand il criait au milieu de leurs phalanges, ‖ et ils n'étaient pas capables d'écouter le sens de ses paroles. ‖ Le sens de ses paroles frappait de stupeur les démons belliqueux.

[L. 6-10.] Qu'est cela? C'est un homme, et sa voix nous trouble! ‖ C'est un grand prodige que le Créateur accomplit par les fils de sa maison, ‖ et les démons et les hommes furent vaincus par la voix de leurs paroles. ‖ Les démons et les hommes entendirent le son de trompette de sa voix; ‖ ils se réunirent et vinrent se ranger en bataille contre ses paroles.

[L. 11-15.] Une source de paroles spirituelles jaillit de sa bouche, ‖ et, comme un torrent, elle entraîna l'armée des hérétiques. ‖ Comme un fétu de paille, furent submergés les Ariens et les Eunomiens ‖ et périrent avec eux les Doumarites[2] et les adeptes de Paul de Samosate. ‖ Comme un fétu de paille, il dispersa les sectes schismatiques,

[L. 16-20.] et elles s'enfuirent et se cachèrent dans les profondeurs de leurs repaires. ‖ Les troupes des égarés s'enfuirent d'une fuite rapide, ‖ à la voix de l'homme qui expliquait la vérité évidente. ‖ La vérité pure, les imposteurs l'entendirent de la bouche du véridique, ‖ et ils furent secoués et effrayés comme une femme en mal d'enfant que la douleur a vaincue.

---

[1] Il faut sans doute lire ܟܘܒܝܐ au lieu de ܟܘܒܝܗ.

[2] Voir *infra*, p. 502, n. 1.

[L. 21-25.] Il leur montra la puissance de l'Être, à eux les serviteurs lâches, ‖ et ils abandonnèrent l'armure de leurs doctrines et s'enfuirent nus. ‖ Ô qu'elle fut admirable la force qui fortifia le serviteur vaillant, ‖ à la voix duquel furent vaincues les troupes belliqueuses que le démon avait rassemblées! ‖ Ô qu'elle était profonde l'érudition de ses réfutations,

[P. 461, l. 1-5.] lui qui mettait à nu les diverses erreurs de toutes les doctrines! ‖ Ô combien habile était l'esprit de cet homme droit, le plus habile de tous [1], ‖ qui ne laissa rien de secret sans le dévoiler et le manifester! ‖ Ô combien il était perspicace pour scruter les livres divins, ‖ lui qui expliqua les paroles de la prophétie et de l'apostolat [2]!

[L. 6-10.] Ô combien étaient prompts les mouvements de son âme et de ses membres, ‖ lui qui fixa dans ses paroles le cours de tous les livres! ‖ Ô quelle âme habile et puissante, ‖ qui triompha et vainquit dans les deux combats des démons et des hommes! ‖ Les démons et les hommes, l'athlète de la justice les a vaincus,

[L. 11-15.] et il n'a pas faibli dans la lutte avec toutes nos passions. ‖ Il planta l'étendard droit

---

[1] B : «de cet homme droit plus que tout homme habile», leçon moins bonne. Il y a eu sans doute inversion des derniers mots dans la copie.

[2] Théodore de Mopsueste avait écrit, entre autres ouvrages un commentaire sur les petits prophètes et une explication des épîtres de saint Paul. Cette explication n'existe plus qu'en latin.

dans la création pour les vaillants, ∥ afin qu'ils comprissent le sens droit par l'image de cet étendard. ∥ Ses paroles étaient lumière et sel au milieu des terrestres, ∥ et les hommes apprirent à assaisonner (un aliment sain) pour les humains.

[L. 16-20.] L'humanité acquit un bon goût par ses interprétations, ∥ et elle méprisa et rejeta l'insanité du culte des idoles. ∥ Ce brave, ce héros puissant, à l'esprit habile, ∥ des hommes ennemis de l'âme et remplis d'orgueil l'ont haï. ∥ La parole de vérité[1] l'a désigné pour être le prédicateur de la vérité,

[L. 21-24.] et les insensés l'ont appelé sceptique et docteur de mensonge. ∥ Ô les pervers, combien est perverse leur perversité ! ∥ Ils ont appelé la lumière ténèbres et les ténèbres lumière. ∥ Les endurcis de cœur sont dignes de la malédiction de la parole du prophète,

[P. 462, l. 1-5.] eux qui ont converti l'ordre des dogmes établis en choses perverses[2]. ∥ Les choses perverses, les pervers, ennemis de la vérité, les ont aimées, ∥ et ils ont détesté et haï les hommes qui aiment la foi. ∥ Une foi invincible a été prêchée par les justes, ∥ Diodore, Théodore et Nestorius.

[L. 6-10.] Par eux trois, la Trinité a montré sa puissance, ∥ et elle leur a appris à détruire l'inanité de la doctrine erronée. ∥ Prêtres éprouvés, elle les plaça dans trois villes, ∥ pour qu'ils apaisassent la

---

[1] Jésus-Christ.
[2] Cf. Jérémie, XXIII, 1.

douleur des hommes par leurs paroles. ‖ Des guérisseurs d'hommes furent ces véridiques partout où ils se trouvèrent,

[L. 11-15.] et ils administrèrent brillamment les troupeaux des agneaux doués de raison. ‖ Cette parole qui fut adressée à Simon[1], ces braves l'entendirent, ‖ et ils enseignèrent et instruisirent les hommes, les femmes et les enfants. ‖ Par leurs visites pastorales, ils complétèrent le bon renom du pasteur, ‖ et chacun d'eux visita son diocèse sans défaillance.

[L. 16-20.] Diodore, habile dans la discussion, administra les habitants de Tarse, ‖ et leur apprit à dénouer les liens des hérétiques. ‖ Théodore, l'interprète des mystères, administra les habitants de Mopsueste, ‖ et leur enseigna à voir clair dans les choses cachées. ‖ L'énergique Nestorius administra les habitants de Byzance,

[L. 21-25.] et leur apprit à soutenir en face les luttes contre les hérésies. ‖ La ville royale échut au fort chargé de la diriger; ‖ et conformes à sa dignité furent les fruits que produisit son enseignement. ‖ Il construisit sagement et consolida la parole de vérité, ‖ afin qu'elle ne fût pas ébranlée par les souffles perturbateurs des hérétiques.

[P. 463, l. 1-5.] Les hérétiques ont haï en vain l'ami de la vérité, ‖ et ils ont inventé des ruses mensongères contre ses paroles. ‖ Des ruses habiles,

---

[1] Cf. Joan., XXI, 15-17.

des forgerons frauduleux ont forgées, ‖ afin d'enchaîner par la fausseté des paroles insaisissables. ‖ Les faussaires se sont précipités perfidement contre les véridiques,

[L. 6-10.] et, sans motifs, ils ont lancé des accusations mensongères. ‖ Les menteurs ont choisi des témoins de mensonge pour le jugement du juste, ‖ de la même manière qu'avait fait Jézabel pour le jugement de Naboth[1]. ‖ Une femme tua le juste Naboth à cause de sa vigne, ‖ et des femmes chassèrent le véridique de son sacerdoce.

[L. 11-15.] Des prêtres frauduleux stipendièrent des femmes pour un jugement falsifié, ‖ et ils en firent des scolastiques de mensonge[2]. ‖ Pour de l'or, ils vendirent la vérité pure, qui ne doit pas se vendre, ‖ et, entre l'acquéreur et le vendeur, ils opprimèrent le juste. ‖ L'argent muet chassa le juste hors de la paix,

[L. 16-20.] et, quoique muet, il éleva sa voix contre la justice[3]. ‖ Ô justice, comme on a imposé

---

[1] Cf. I Reg., xxi, 8-16.

[2] Les femmes auxquelles Nestorius fait allusion sont Pulchérie et les dames de la cour Marcella et Droseria. Saint Cyrille leur avait écrit pour obtenir par leur influence que Jean d'Antioche condamnât Nestorius. Voir lettre d'Épiphane, archidiacre de saint Cyrille, à Maximien, évêque de Constantinople, Mansi, t. V, 987 et suiv.

[3] Les ennemis de saint Cyrille l'accusaient d'avoir versé plusieurs livres d'or à Scholasticus, riche eunuque, chambellan de l'empereur. Cf. Mansi, t. V, 819, et Héfélé, Histoire des Conciles, traduite de l'allemand par Goschler et Delarc, Paris, 1869, t. II, 425-427.

silence à ses réclamations! ‖ Elle n'a pu confondre la fausseté par l'évidence, comme c'est l'habitude. ‖ O combien fut grande l'iniquité que commirent des prêtres contre un prêtre! ‖ Ils ne tremblèrent pas, et ne craignirent pas le sacerdoce qu'ils exerçaient.

[L. 21-24.] Venez donc, ô prêtres, voyez ce qu'a fait la parole des prêtres, ‖ qui a chassé un prêtre de son sacerdoce iniquement. ‖ Iniquement, ils ont chassé le prêtre de son sacerdoce, ‖ et ils l'ont condamné injustement à l'exil.

[P. 464, l. 1-5.] Et si quelqu'un prétend que je n'ai pas parlé avec justice, ‖ qu'il le prouve en public, et moi je payerai la dette de mes paroles. ‖ Quelle est la cause de la culpabilité de cet homme? ‖ Révèle-moi et montre-moi le genre de sa faute d'une manière claire, ‖ et pourquoi les prêtres du crime l'ont condamné injustement,

[L. 6-10.] et je serai d'accord avec toi, car tu auras condamné avec équité celui qui aura péché. ‖ A ceux qui l'ont vaincu, j'ai dit ceci et je le dirai encore : ‖ Qu'ils nous montrent le genre de faute pour lequel il a été condamné. ‖ Or, il n'y a personne qui puisse répondre à mes paroles, ‖ car ils ne savent comment descendre dans la voie de la réponse.

[L. 11-15.] Vous êtes incapables de composer une argumentation ‖ Si vous voulez, écoutez-moi, je vous dirai ce que vous ne savez pas. ‖ Moi, je dirai quelle fut la cause de cette discussion, ‖ et d'où surgit la calomnie contre cet homme. ‖ L'inique jalousie d'hommes méchants a haï le juste,

[L. 16-20.] à cause de la parole de foi qu'il avait bien expliquée. ‖ Le chef d'Égypte fut malade et faible dans cette affaire, ‖ et, dès qu'il entendit la voix qui avait signalé sa maladie, il s'irrita et s'emporta[1]. ‖ L'Égyptien vit la décision de la parole de celui qui guérit bien, ‖ et la parole qui possède les genres de la santé ne lui plut pas.

[L. 21-24.] Pourquoi donc proclame-t-il deux appellations de l'âme et du corps, ‖ et pourquoi distingue-t-il l'image du serviteur et du Créateur? ‖ Pourquoi ne dit-il pas que Marie est la mère de Dieu, ‖ elle qui a enfanté la chair charnellement, puisqu'il était chair[2]?

[P. 465, l. 1-5.] Voilà la cause de la jalousie de l'Égyptien, ‖ voilà pourquoi il a haï l'homme droit comme un méchant. ‖ L'envie a enflammé le jaloux contre le juste, ‖ car pourquoi lui échut-il de gouverner la ville royale? ‖ Le jaloux forgea avec son astuce des verrous de ruses,

[L. 6-10.] et il les fit tirer par la main des femmes pour chasser la vérité. ‖ Il convoqua une

---

[1] Dans sa troisième lettre au pape Célestin, Nestorius accuse Cyrille d'avoir commencé la discussion au sujet du Θεοτόκος, pour empêcher la réunion, à Constantinople, d'un synode qui aurait eu à se prononcer sur des plaintes portées contre lui. Voir Mansi, t. V, 725.

[2] Ces quatre vers renferment les accusations que Narsès place dans la bouche de Cyrille contre Nestorius.

assemblée de fausseté et l'amena contre le véridique. ‖ Il la nomma[1] du nom de synode choisi et pur. ‖ Ce concile déposa le juste de son sacerdoce, ‖ avec le secours des femmes qui aidèrent la ruse des prêtres[2].

[L. 11–15.] Telle est la cause pour laquelle fut condamné l'innocent, ‖ et le bruit de sa culpabilité se répandit faussement. ‖ Les rusés tendirent des pièges rusés à l'homme à l'âme pure, ‖ et ils l'outragèrent sans raison comme l'ennemi de la foi. ‖ Voici que j'ai montré l'origine du procès de l'opprimé,

[L. 16–20.] que des hommes rusés ont condamné injustement. ‖ Voici que j'ai mis au jour aussi l'envie du jaloux, ‖ qui a opprimé sans raison le prêtre juste par des accusations injustes. ‖ Il n'était pas juste que le prêtre fût déposé de son sacerdoce[3], ‖ et il ne convenait pas que les rusés prissent sa place[4].

[L. 21–24.] Voyez, ô hommes, comment les envieux ont renversé l'ordre établi, ‖ considérez et constatez combien mauvaise est l'envie! ‖ Voici qu'a été découvert le voile de fausseté (étendu) sur les

---

[1] A : « et il la fit entendre », leçon moins bonne.

[2] Le troisième concile œcuménique, convoqué à Éphèse, sous Théodose II, en 431, condamna les doctrines de Nestorius, toujours sous l'influence de Pulchérie, d'après Narsès, et prononça la déposition du patriarche de Constantinople.

[3] La leçon de A est fautive dans ce passage.

[4] Maximien fut élu évêque de Constantinople en octobre 431, pour remplacer Nestorius; cf. SOCRATE, *Hist. eccl.*, VII, 37.

hommes faux, ‖ qui ont poursuivi injustement le bon droit dans le jugement qu'ils ont rendu.

[P. 466, l. 1–5.] Et si quelqu'un dit que je n'ai pas exposé l'affaire avec droiture, ‖ que celui-là nous dise en quoi je me suis écarté du droit chemin. ‖ Qu'ai-je dit que je n'aie dit comme c'est en réalité? ‖ Qu'il le montre en public, quiconque a le droit de parler en public. | Tu ne peux, ô homme, réfuter mes paroles,

[L. 6–10.] ni montrer que juste était le jugement qui a condamné le juste. | Et puisque j'ai dit que des prêtres ont rendu le jugement, ‖ pourquoi ont-ils condamné comme coupables ceux qui ne sont pas coupables? ‖ Voici que Diodore et Théodore étaient des justes, ‖ et personne ne peut dire que le jugement des hommes les a condamnés.

[L. 11–15.] Pourquoi les endurcis outragent-ils les doctes, | et pourquoi fuient-ils la science de leurs interprétations? ‖ Voici que la discussion ne s'est pas produite sur leurs paroles, ‖ tant que l'envie haineuse n'a pas surgi chez des hommes pervers. ‖ Voici que dans leurs jours il n'y a pas eu d'assemblée synodale,

[L. 16–20.] ni d'ordre qui ait réuni les prêtres pour les examiner[1]. ‖ Il y a eu trois conciles dans l'empire romain, ‖ et l'époque de chacun d'eux est connue, et sa cause manifeste. ‖ Le premier fut

---

[1] C'est-à-dire pour examiner la doctrine de Diodore et de Théodore.

réuni au temps de l'empereur Constantin, ∥ à cause de l'impiété qui s'éleva soudainement par la bouche d'Arius[1].

[L. 21-25.] Le second eut lieu aux jours de Théodose, ∥ à cause de la sottise absurde qu'engendra Macédonius[2]. ∥ Le troisième fut sous le règne des deux empereurs, ∥ et sa cause fut la jalousie de l'Égyptien. ∥ Voilà les trois conciles qui eurent lieu à trois époques,

[P. 467, l. 1-5.] et dans aucun d'eux ne se trouvèrent les trois hommes dont j'ai parlé. ∥ A l'époque du premier, les partisans de Diodore n'étaient pas nés, ∥ et qui pourrait intenter un procès à des personnes qui ne sont pas nées? ∥ Et aussi, lors du second, ils n'étaient pas arrivés au gouvernement[3]; ∥ il est donc évident que le concile ne les cita pas en justice.

[L. 6-10.] Au moment du troisième, ils avaient disparu d'entre les vivants[4], ∥ et qui serait fou au

[1] Concile de Nicée, 325.
[2] Macédonius, évêque de Constantinople († 362), niait la divinité du Saint-Esprit. Il fut condamné par le concile de Constantinople, 381.
[3] C'est exact pour Théodore de Mopsueste qui fut élevé à l'épiscopat en 392 et pour Nestorius qui monta sur le siège de Constantinople en 428. Mais Diodore de Tarse avait été appelé à l'évêché de cette ville en 378, par conséquent avant le concile de Constantinople (381).
[4] Ces paroles ne peuvent s'appliquer en réalité qu'à Diodore et à Théodore. Nestorius ne mourut que plusieurs années après le concile d'Éphèse, au plus tôt en 439 ou 440.

point d'accuser sans raison des morts! ‖ Voici qu'a été révélée la cause des différentes injures; ‖ recherchons donc pourquoi les justes ont été outragés. ‖ Pourquoi les sots combattent-ils les justes,

[L. 11–15.] et pourquoi les ennemis de l'âme parlent-ils avec mépris des gens de bien? ‖ Pourquoi disent-ils sottement que les livres qu'ils ont écrits ne sont pas véridiques? ‖ Voici que l'éclat du soleil n'est pas aussi brillant que leurs paroles. ‖ Pourquoi inventent-ils des causes d'anathèmes synodaux, ‖ puisqu'il n'y a pas de concile qui les ait accusés de quelque sottise?

[L. 16–20.] Si l'on cite ce concile œcuménique, ‖ en quoi se rapporte-t-il à des hommes qui étaient morts? ‖ Et si l'on examine l'affaire de Nestorius, qui eut lieu dans ce temps, ‖ lui non plus n'entendit pas l'article qui décréta sa condamnation. ‖ Il n'était pas auprès des juges qui l'ont condamné sans raison,

[L. 21–25.] car il mourut avant de se rendre auprès de ses juges[1]. ‖ Qui donc a jamais entendu

[1] Cette assertion est inexacte, comme je l'ai rappelé dans la note précédente. Il est à peine croyable qu'un contemporain des événements, comme l'était Narsès, ait commis une erreur aussi grave. La traduction «il mourut sans se rendre auprès de ses juges» s'harmoniserait bien mieux avec ce que nous savons de Nestorius, qui n'était pas mort à cette époque, mais qui refusa toujours de comparaître devant les pères du concile d'Éphèse. Tout d'abord, j'avais cru cette traduction possible (voir *J. A.*, nov.-déc. 1899, p. 448), mais une étude plus approfondie du texte m'a conduit à la rejeter.

une chose semblable à celle que firent les prêtres ‖ qui rendirent une sentence alors que l'accusé n'était pas présent. ‖ Les juges usèrent de partialité dans ce jugement, ‖ et, à cause d'une personne, ils eurent honte de rendre la vérité évidente.

[P. 468, l. 1-5.] Ils eurent honte devant l'Égyptien, les sages doués d'intelligence, ‖ et la peur des femmes leur fit craindre de dire la vérité. ‖ Et voici qu'ils connaissaient le but des paroles de l'Égyptien, ‖ et ils n'approuvaient pas l'anathème qu'il avait odieusement écrit. ‖ L'odieux avait odieusement anathématisé[1] ceux qui connaissent la vérité,

[L. 6-10.] et sa cruauté n'était pas cachée à leurs yeux. ‖ Voici que, eux aussi, ils anathématisèrent les anathèmes de sa sottise, ‖ et il ne resta rien de ses anathèmes, si ce n'est qu'ils l'enfermèrent dans les anathèmes[2]. ‖ Voici qu'il est écrit

---

[1] B : «Il avait odieusement anathématisé d'anathème».

[2] A : «dans ses anathèmes». Avant l'ouverture du concile d'Éphèse, Cyrille avait rédigé douze anathèmes contre Nestorius, auxquels celui-ci avait répondu par douze contre-anathèmes. Plus tard, lorsque le concile se fut ouvert sans les «Orientaux», Jean d'Antioche et les évêques de sa province, ceux-ci furieux de ce qu'on ne les avait pas attendus, tinrent un conciliabule après leur arrivée à Éphèse, anathématisèrent à leur tour les anathèmes de Cyrille et prononcèrent sa déposition et celle de Memnon d'Éphèse. Mais, après des discussions qui durèrent plusieurs années, il conclurent un accommodement avec Cyrille et acquiescèrent à la condamnation de Nestorius en 433. Ce sont ces juges dont Narsès dit plus loin, (voir *infra*, v. 15-18), «qu'ils ont jugé justement puis se sont retournés». Voir les pièces relatives à cette affaire dans MANSI, t. V, 856 et suiv.

dans le livre de leur foi : ‖ Anathème soit celui qui prononce le mot de mélange.

[L. 11-15.] Et voici que l'Égyptien décréta un anathème contre cette doctrine, ‖ de manière que personne ne pouvait dire : le corps et la divinité[1]. ‖ Que doit donc faire celui qui entend ces choses : ‖ anathème soit celui qui confesse bien et celui qui ne confesse pas? ‖ Ô qu'a fait la partialité chez les intelligents,

[L. 16-20.] qui ont jugé justement, puis se sont retournés et ont condamné iniquement! ‖ Juste était le jugement qui avait brisé les anathèmes de l'Égyptien, ‖ et il fut injuste de condamner l'homme qui en avait proclamé la nullité. ‖ L'envié livra une grande lutte contre ses anathèmes (sic), ‖ et ils mêlèrent ensemble celui qui annulait les anathèmes et celui qui liait les anathèmes[2].

[L. 21-23.] Ce concile œcuménique mêla l'anathème à l'anathème, ‖ et sema la controverse entre les doctes et les ignorants. ‖ Personne ne peut distinguer l'anathème de son contraire,

[P. 469, l. 1-5.] parce que leurs deux ana-

---

[1] Pour affirmer l'union réelle des deux natures contre l'union morale que soutenaient les Nestoriens, Cyrille avait employé l'expression un peu équivoque de ἕνωσις φυσική, que ses ennemis interprétèrent dans le sens de «fusion en une seule nature», au lieu de «union hypostatique des deux natures».

[2] Théodose II avait d'abord prononcé la déchéance de Cyrille et de Nestorius après le concile d'Éphèse. Lorsqu'il eut mieux examiné l'affaire, il rétablit Cyrille.

thèmes sont enfermés dans un seul anathème[1]. ‖ Cette confusion troubla le monde par son désordre, ‖ et voici que tout homme est divisé, et il n'y a pas d'accord entre l'un et l'autre. ‖ Il n'y a accord en aucune manière entre les terrestres, ‖ et surtout dans le peuple que le Christ a choisi pour son nom.

[L. 6-10.] Parmi les chrétiens, ont cru des divisions sans nombre, ‖ et personne ne sait marcher dans la voie de la vérité. ‖ La voie de la vérité, j'ai vu qu'on avait cessé d'y marcher, ‖ et j'ai été profondément surpris de ce qu'a fait la méchanceté des hommes. ‖ La méchanceté des hommes, j'ai vu qu'elle avait troublé la vie humaine,

[L. 11-15.] et je me suis dit : il n'est pas juste que je voie et que je me taise. ‖ Et moi-même je me suis jugé au sujet de ce que peut juger un être raisonnable (en disant) : ‖ Pourquoi négliges-tu la vengeance qui s'exerce par les paroles? ‖ Il est très facile à celui qui possède la parole de blâmer l'iniquité, ‖ il lui est aisé de réduire au silence les espèces de turpitudes.

[L. 16-20.] Les espèces de turpitudes, j'ai vu qu'elles sont nombreuses parmi les terrestres, ‖ et mon esprit m'a conseillé de prononcer un jugement avec des paroles véridiques. ‖ J'ai à prononcer un jugement de paroles contre des hommes raison-

---

[1] Narsès fait sans doute allusion à Cyrille et à Jean d'Antioche, qui, après s'être anathématisés, finirent par accepter un symbole commun, où ils confessaient une union exempte de tout mélange. Voir Hardouin, I, 1703.

nables; ‖ pourquoi cessent-ils de parler ceux qui jugent les paroles[1]? ‖ J'ai entendu des hommes insensés prononcer un discours injuste,

[L. 21-24.] et j'ai forgé des paroles contre des paroles qui ne sont pas décentes. ‖ J'ai vu que les hommes justes étaient opprimés par des sots, ‖ et il ne m'a pas plu d'entendre outrager des gens sensés. | J'ai lu les livres qu'ils ont écrits et j'ai considéré combien ils sont distingués,

[P. 470, l. 1-5.] et je me suis beaucoup étonné de ce qu'ils sont tant opprimés par les sots. ‖ J'ai résolu d'accuser leurs oppresseurs par la voix de mes paroles; ‖ pourquoi oppriment-ils ceux qui ne manquent pas de droiture? ‖ Pourquoi, ô oppresseurs, avez-vous opprimé injustement les innocents, ‖ et avez-vous rejeté la bonne méditation qui est dans leurs livres?

[L. 6-10.] Quelle est la faute qu'ont commise ces prêtres, alors qu'ils n'ont pas péché? ‖ Voici qu'ils sont poursuivis pour leurs paroles comme des malfaiteurs. ‖ Si c'est un péché que de méditer sur la foi, ‖ voici que tous les justes ont passé leur vie dans cette méditation. ‖ Et si c'est un outrage que de dire la vérité sans voile,

[L. 11-15.] voici que les apôtres ont suivi cette voie. ‖ Voici que le chef des Douze cria aux Juifs : ‖ « Jésus est un homme, et aussi un fils de l'homme

---

[1] C'est-à-dire : pourquoi se taisent-ils au lieu de condamner les anathèmes de Cyrille.

venu de Dieu¹. » ‖ Voici que Paul aussi, l'apôtre choisi, approuve cette doctrine, ‖ et il l'appelle le médiateur entre la divinité et nous².

[L. 16-20.] Luc et Matthieu ont écrit son histoire sans voile, ‖ et ont classé ses ancêtres l'un après l'autre³. ‖ Le Fils du tonnerre, lui aussi, a révélé son humanité d'une voix claire : ‖ « Lorsqu'elle sera dissoute, la puissance divine la ressuscitera⁴ ». ‖ Que celui qui blâme, blâme donc les évangélistes eux-mêmes,

[L. 21-24.] car voici que, dans leurs livres, ils ont écrit la distinction du Verbe et du corps. ‖ Il faut que Notre-Seigneur aussi tombe sous le blâme, ‖ lui qui a montré sur son corps la place des clous et de la lance dont il fut percé. ‖ Lui et ses disciples ont suivi la voie de cette distinction,

[P. 471, l. 1-5.] et ils ont révélé et manifesté la nature de la divinité et la nature de l'homme. ‖ Ils ont distingué les natures, pour que l'ordre qui existe entre elles ne soit pas confondu, ‖ et ils les ont réunies dans l'unité d'une seule figure⁵. ‖ Une seule

---

¹ Act. Ap., II, 22.
² I Tim., II, 5.
³ Math., I, 1-16; Luc, III, 23-38.
⁴ Joan., II, 19.
⁵ Le mot ܦܪܨܘܦܐ, que Narsès emploie assez souvent dans cette homélie, pourrait à la rigueur se traduire par « personne », ce qui donnerait un sens très orthodoxe à cette phrase et à plusieurs autres. Mais les Nestoriens l'entendaient dans un sens très différent et très vague. Lorsque Narsès veut parler des personnes divines

figure, les mortels appelèrent le Verbe et le corps, ‖ et à ce sens se rallièrent les docteurs de la religion vraie.

[L. 6–10.] Au sens de leurs collègues, se rallièrent Diodore et Théodore, ‖ et pourquoi donc les sots les blâment-ils eux seuls? ‖ Il est d'autres sages qui ont médité sur cette question, ‖ et personne ne blâme leurs commentaires, (on ne blâme) qu'eux. ‖ Les hérétiques seuls ont détesté ce sens,

[L. 11–15.] et ils n'ont pas voulu recevoir la confession intègre du Verbe et du corps. ‖ Aux égarés se sont donc joints aussi les insensés, ‖ et, suivant leur esprit, ils marchent dans une voie qui n'est pas droite. ‖ Les Simoniens[1] considérèrent l'incarnation comme un songe, ‖ et ils expliquèrent comme un fantôme les propriétés humaines (du Christ).

[L. 16–20.] Les Borborins[2] rejetèrent complètement le Verbe et le corps, ‖ et inventèrent une sottise honteuse, qui ne doit pas se prononcer. ‖ Les Ménandriens effacèrent tout ce qui appartient à la divinité, ‖ ils donnèrent aux anges le nom de créa-

dans le sens catholique, il emploie un tout autre mot, le mot ܟܝܢܐ. Voir *J. A.*, nov. déc. 1899, p. 472, v. 8, etc.

[1] Disciples de Simon le Magicien, 1er siècle.
[2] Les Borborins étaient une secte chrétienne qui se livrait à des mystères honteux. Saint Ephrem les mentionne, *Opp.*, II, 485 E; cf. Epiph., *Haer.*, I. XXVI, cap. 11, 13 et 15. Le biographe de Rabulas raconte que cet évêque d'Édesse (mort en 435) déracina toutes les hérésies, et en particulier celle des Borborins, qu'il enferma dans des couvents où il finirent leurs jours; comp. G. HOFFMANN, *Auszüge aus syr. Akten pers. Märtyrer*, p. 124-125.

teurs. ‖ Les partisans d'Aétius appelèrent les trois (personnes de la Trinité) une seule figure,

[L. 21-25.] et ils troublèrent l'ordre de la paternité et de la filiation. ‖ Les partisans de Paul (de Samosate) considérèrent le Fils comme ayant eu un commencement, ‖ et, de la fille de l'homme, ils tirèrent l'origine de sa divinité. ‖ Les Marcionites s'éloignèrent des uns et des autres ‖ et introduisirent un être étranger, par son nom, au nom de la divinité.

[P. 472, l. 1-5.] Les Manichéens n'approchèrent pas de la foi, même en parole, ‖ car ils supprimèrent de leurs livres le nom de la divinité. ‖ Les partisans de Bardesane comptèrent comme rien tout ce qui existe; ‖ ils détruisirent et élevèrent un édifice d'erreur, sans consistance[1]. ‖ Le blasphème de Valentin dépassa tous les blasphèmes;

[L. 6-10.] il tomba dans l'impiété et dit que ce n'était pas un corps qu'avait enfanté Marie. ‖ Sabellius nia l'humanité et la divinité; ‖ il supprima les personnes[2] et confondit les ordres qui sont dans l'Être suprême. ‖ Les Ariens distinguèrent le Fils de son Père, ‖ et ils l'appelèrent serviteur et ministre comme toute créature.

[L. 11-15.] Les Eunomiens l'appelèrent Fils, de

---

[1] Saint Ephrem et Eusèbe avaient accusé Bardesane de gnosticisme, mais non de scepticisme, comme le fait ici Narsès.

[2] Narsès emploie ici le mot ܩܢܘܡܐ et non ܦܪܨܘܦܐ.

nom seulement, ‖ et ils supprimèrent les mots de paternité et de filiation. ‖ Les Doumarites firent de Notre-Seigneur la moitié d'un homme, ‖ et ils ne lui permirent pas d'être complet même dans son âme[1]. ‖ Macédonius effaça la personne de l'Esprit saint;

[L. 16-20.] il la sépara et la rejeta loin des personnes du Père et du Fils. ‖ Les partisans de Cyrille nièrent le corps qu'il avait pris de nous, ‖ car ils soutinrent que ce n'était pas l'homme qui avait souffert et avait été tenté. ‖ Voilà la confession des hérétiques, ennemis de la vérité; ‖ voyez, ô ignorants, combien leurs doctrines sont remplies de blasphèmes.

[P. 21-25.] Considérez avec droiture combien ils sont étrangers à la foi ‖ et combien ils sont ardents à troubler les choses établies. ‖ Discernez avec justice, comme des hommes prudents et raisonnables, ‖ quelle différence il y a entre les justes et

---

[1] Ces hérétiques semblent être des partisans d'Apollinaire que réfute saint Épiphane dans le Πανάριον, lib. III, t. II, hér. 77ᵉ (P. G. t. XLII, col. 641-699), et qu'il appelle Διμοῖριται. Quelques-uns prétendaient que le Sauveur n'avait pas pris la partie raisonnable de l'âme humaine, νοῦν, et, répondant à l'objection qu'on leur avait faite sans doute avant Narsès, ils affirmaient que N.-S. n'en était pas moins parfait, car la divinité du Verbe remplaçait le νοῦν : τέλειον ἄνθρωπον λέγομεν εἶναι, εἰ τὴν θεότητα ποιήσομεν ἀντὶ τοῦ νοῦ, καὶ τὴν σάρκα, καὶ τὴν ψυχήν· ὡς εἶναι τέλειον ἄνθρωπον ἐκ σαρκὸς, καὶ ψυχῆς καὶ θεότητος ἀντὶ τοῦ νοῦ. P. G. t. XLII, col. 673. — Le mot Διμοῖριται vient probablement de l'adjectif Δίμοιρος «partagé entre deux ou en deux»; cf. BAILLY, Dict. Grec-Français, Paris, 1897. p. 513, 2ᵉ édit.

les pervers. ‖ Très justes sont les hommes que j'ai jugés au sujet de leurs paroles,

[P. 473, l. 1–5.] et vraie et pure est la vérité qu'ils ont prêchée aux oreilles des hommes. ‖ C'est à cause d'eux que j'ai fait mention des hérétiques, afin de révéler aux hommes combien ils sont éloignés de la justice. ‖ J'ai cherché à prouver leur injustice aux yeux des intelligents, ‖ pour leur montrer qu'on a opprimé injustement des hommes droits.

[L. 6–10.] On les a appelés hérétiques, eux qui connaissaient la vérité; ‖ voilà pourquoi j'ai rapporté l'accusation de leurs oppresseurs. ‖ Ma parole a comparé la vérité qui est en eux aux faussaires, ‖ afin de montrer aux hommes combien le vrai est loin du faux. ‖ Le vrai pur, les sages l'ont prêché sur la terre,

[L. 11–15.] et les sots l'ont considéré comme une erreur des hérétiques. ‖ Les véridiques ont soutenu une grande lutte contre les menteurs; ‖ les imposteurs ont été vaincus et la vérité qui est dans les véridiques a triomphé. ‖ Théodore a vécu quatre-vingt-dix ans environ[1], ‖ il n'a pas cessé et n'a pas pas interrompu le combat contre les erronés.

[L. 16-20.] Le juste revêtit l'armure de l'esprit pendant toute sa vie, ‖ et il lutta contre les troupes des hérétiques. ‖ Par le glaive de sa parole, il combattait les fils de l'erreur, ‖ et il divulguait les genres

[1] C'est une exagération : Théodore de Mopsueste ne vécut que 78 ans, de 350 à 428.

d'artifice de leurs doctrines. ‖ Avec art il combattait les hérésies,

[L. 21–26.] et avec habileté il déliait les liens de l'iniquité. ‖ Comme un athlète, il soutenait la lutte contre eux, ‖ et, comme du doigt, il montrait leur culpabilité. ‖ Il était semblable à un lutteur dans ses répliques, ‖ et il jetait à terre la fausseté aux yeux des spectateurs. ‖ Les diverses luttes lui apparaissaient comme un théâtre,

[P. 474, l. 1–5.] et il ne se lassa pas de vaincre pendant toute sa vie. ‖ Dès sa jeunesse, il commença à méditer sur la lutte des athlètes; ‖ il ne s'est pas reposé et il ne s'est pas tu jusqu'au jour où la mort arrêta son cours. ‖ Il considéra comme un jour le cours des années de sa vie, ‖ et il ne sépara pas le jour de sa vieillesse de celui de sa jeunesse.

[L. 6–10.] Dans un combat laborieux, s'écoulèrent les jours du vaillant soldat ‖ et, vaillamment, il les commença et les finit au service de son maître. ‖ L'amour de son maître a poussé l'homme droit à combattre, ‖ il ne dormit ni ne se reposa jusqu'à ce qu'il parvînt à la victoire. ‖ Il enviait cette victoire de la parole de Paul :

[L. 11–15.] « Je courrai certes vers le but de la récompense céleste[1]. » ‖ Ô triomphateur, qui as atteint le but, qui as bien couru, ‖ et que la faiblesse du corps et les passions de l'âme n'ont pas arrêté! ‖

---

[1] Philip., III, 14.

Ô l'homme diligent! combien il fut ardent pour la possession de la vie! ‖ il ne permit pas à l'adversaire de le dépouiller de ses richesses!

[L. 16-20.] Ô l'homme sage! comme il sut voir dans les mystères; ‖ rien de secret ne fut caché à son esprit! ‖ Ô le marchand! combien il négocia dans la méditation spirituelle, ‖ et son gain doubla partout où sa prédication parvint. ‖ Il reçut de son maître, le bon serviteur, les talents de l'esprit,

[L. 21-25.] et il sema au double leur profit dans les oreilles des hommes[1]. ‖ Dans tous les lieux, germa le profit des labeurs de son œuvre, ‖ et il ne resta pas de peuple qui ne fût assaisonné du goût de ses paroles. ‖ Ses interprétations brillèrent comme une lumière au milieu des terrestres, ‖ et il poursuivit l'erreur cachée dans l'esprit des hommes.

[P. 475, l. 1-5.] L'humanité vit par ses paroles la lumière de la vie, ‖ et elle apprit, par les choses manifestes, à percevoir les choses cachées. ‖ Comme dans un sommeil, les hommes avaient abandonné l'étude, ‖ jusqu'à ce que parût le livre de ses paroles et qu'il les éveillât. ‖ Le voile du silence était étendu sur les livres de l'Esprit,

[L. 6-10.] et lui l'enleva par la bonne méditation des facultés de son âme. ‖ Les lecteurs des Livres (saints) méditaient dans l'ignorance, ‖ jusqu'à ce qu'ils eurent lu ses livres; alors ils comprirent. ‖ Il

---

[1] Matth., xxv, 14-30.

convient d'appeler docteur des docteurs, l'habile d'esprit ∥ sans lequel il n'y aurait pas de docteur qui donnât un bon enseignement.

[L. 11-15.] Par le trésor de ses écrits, se sont enrichis tous ceux qui possèdent, ∥ et, par ses commentaires, ils ont acquis la faculté d'interpréter. ∥ C'est à son école que, moi aussi, j'ai appris à balbutier, ∥ et, dans son commerce, j'ai acquis l'habitude de la méditation des paroles (divines[1]). ∥ Sa méditation fut pour moi comme un guide vers les Écritures,

[L. 16-20.] et lui m'éleva vers l'intelligence des livres de l'Esprit. ∥ A cause de ses mérites, je combats contre ses adversaires, ∥ et je montrerai que c'est injustement qu'on a nié ses mérites. ∥ C'est d'une grande oppression qu'ils l'ont opprimé, les hommes revêtus d'orgueil, ∥ et j'ai vivement désiré poursuivre sur eux la vengeance de son outrage.

[L. 21-25.] La vengeance de son outrage m'a fait produire un discours, ∥ et c'est pourquoi j'ai marché dans le sentier de ses réfutations. ∥ J'ai vu que les hérétiques les outrageaient, lui et ses compagnons, ∥ et je me suis dit : « Je prononcerai un jugement juste contre leurs paroles. » ∥ Ma parole a été excitée[2] contre leur parole dès le commencement,

[P. 476, l. 1-5.] et c'est aussi contre eux que je scellerai le traité de ma parole. ∥ Je censurerai les

---

[1] Allusion au séjour de Narsès à l'école d'Édesse, où l'on expliquait les commentaires de Théodore de Mopsueste.

[2] B : « a considéré leur parole ».

censeurs des paroles du docte, ‖ car les sots s'excitent à outrager les gens sensés. ‖ Grande est l'intelligence qu'ont montrée sur terre les habiles d'esprit, ‖ et personne ne peut comprendre leurs interprétations.

[L. 6-10.] Ils ont écrit d'une manière sage tout ce qu'ils ont écrit dans leurs livres, ‖ et il n'est pas de sage qui cite une tache dans leurs commentaires. ‖ Les sots seuls les ont injuriés comme des méchants, ‖ parce qu'ils sont trop malades pour comprendre la puissance de leurs paroles. ‖ Les stupides sont malades du mal terrible de l'ignorance,

[L. 11-15.] et ils n'éprouvent pas le désir d'écouter la nouvelle du salut de l'âme. ‖ C'est dans l'âme que sont malades les malades d'âme, privés d'intelligence, ‖ car ils détestent les remèdes des maladies cachées de l'âme. ‖ Ils savent assurément que leur esprit de contradiction est incurable, ‖ c'est pourquoi ils se sont revêtus d'une colère implacable.

[L. 16-20.] Une violente colère, avaient[1] les sots contre les doctes, ‖ parce que ceux-ci distinguent les propriétés naturelles du Verbe et du corps. ‖ Le Créateur, Verbe du Père, a pris un corps humain, ‖ et il l'a appelé, dans son amour, Fils de Dieu, selon son rang. ‖ Il se l'est donné lui-même, alors qu'il n'avait besoin de rien de ce qui existe,

[L. 21-24.] car il n'est pas dans sa nature qu'il subisse une diminution ou une augmentation. ‖ Sa nature est au-dessus des dommages et des vicissi-

---

[1] A : «proféraient».

tudes, ‖ et les propriétés de la nature humaine lui sont étrangères. ‖ A la nature humaine, s'attachent les misères de la nature humaine,

[P. 477, l. 1–5.] mais non à la nature élevée, placée au-dessus des souffrances. ‖ A l'homme, appartient tout ce qui est écrit du Fils de l'homme : ‖ la conception, la naissance, la croissance, la passion et la mort. ‖ C'est cette distinction du Verbe et du corps que les véridiques ont révélée, ‖ et les sots les combattent parce qu'ils ont montré les choses mystérieuses.

[L. 6–10.] Voilà la cause qui les a rendus les ennemis des prêtres, ‖ et voilà pourquoi ils (les prêtres) sont détestés et haïs parmi les humains. ‖ Et cependant ils auraient dû être aimés pour ce motif, ‖ pour l'explication des mystères qu'ils ont apportée à la terre. ‖ Il est digne d'éloge celui qui révèle les secrets,

[L. 11–15.] et qui fraye la voie à l'ignorance humaine dans la recherche des choses cachées. ‖ L'ignorance humaine, la parole des sages l'a instruite, ‖ et qui ne s'affligerait de ce que les sots ont nié ce profit ! ‖ Les amis de la vérité ont montré deux avantages doubles : ‖ la parole de la vérité et l'honneur de leur conduite.

[L. 16–20.] Elle était honorable, l'œuvre de la vie des sages, ‖ et personne ne peut raconter convenablement tous leurs travaux. ‖ Diodore, cet homme puissant, se fatigua dans des labeurs pénibles, ‖ au point que les sens de son corps s'affaiblirent par l'ascétisme. ‖ De Théodore, l'histoire est très grande,

[L. 21-25.] lui dont l'œil s'obscurcit dans l'étude des Écritures sans arrêt et sans interruption. ‖ Quant à Nestorius, ses travaux furent les plus pénibles de tous les travaux, ‖ car il ne permit pas à son imagination de marcher dans l'erreur. ‖ Voilà les travaux des hommes justes, combien ils furent fructueux! ‖ Et voilà la méchanceté de leurs oppresseurs, combien elle est manifeste!

[P. 478, l. 1-5.] Voyez, ô hommes, comment les hommes agirent contre les hommes, ‖ et la sottise contre les sources pleines de sagesse. ‖ Des sources d'eau douce furent les véridiques partout où ils furent, ‖ et quiconque but à leurs sources oublia ses soucis. ‖ Seuls, les sots n'ont pas voulu recevoir leur breuvage,

[L. 6-10.] et voici qu'ils se torturent pour combattre leurs idées. ‖ Ô les aveugles doués de la vue, mais aveugles d'esprit, ‖ et l'aveuglement de l'âme dont ils souffrent leur est doux! ‖ Les insensés ressemblent dans leurs œuvres aux chauves-souris, ‖ ils préfèrent l'obscurité de la nuit à la lumière.

[L. 11-15.] Ô nature raisonnable, qui est devenue muette de sa propre volonté, ‖ et qui a arrêté le cours de la sagesse qui avait été mise en elle! ‖ Il n'y a assurément pas d'autre remède contre l'ignorance des ignorants ‖ que la décision, qui tranche le procès, de la parole de Notre-Seigneur. ‖ La parole de Notre-Seigneur les a retranchés de l'Église,

[L. 16-20.] et les a condamnés à l'exil avec les infidèles. ‖ Il nous a ordonné de les considérer comme des publicains et des païens[1] ‖ et de ne pas nous mêler à leurs pratiques odieuses. ‖ Leurs pratiques, Paul, lui aussi, les a tranchées par le glaive de sa parole, ‖ et il les a livrés au calomniateur pour qu'ils en soient les compagnons[2].

[L. 21-24.] Au calomniateur, ressemblent les malades d'esprit ‖ qui, comme Satan, calomnient ceux qui connaissent la vérité. ‖ Sans doute, c'est Satan qui les a encouragés dans cette tâche, ‖ afin qu'ils accomplissent le désir de sa nature, en outrageant les justes.

[P. 479, l. 1-5.] Les justes, il les hait, habitué qu'il est à accuser les véridiques, ‖ et il n'a aucun plaisir à voir un juste. ‖ Or, il vit les différentes vertus réunies dans des hommes justes, ‖ et il se prépara dans sa jalousie à lutter contre eux. ‖ C'est son propre combat que soutiennent les insensés contre les sages,

[L. 6-10.] et, par leur bouche, il lance les traits de sa colère contre l'armée de la vérité. ‖ L'armée de la vérité, il cherche à la dévaster par la bouche des hérétiques, ‖ mais la puissance de la vérité ne lui permet pas d'accomplir son dessein. ‖ La perversité

---

[1] Matth., XVIII, 17.
[2] Cf. I Cor., v, 5; I Tim., I, 20.

de son dessein, cet acerbe de goût en fait montre seulement;

[L. 11-15.] mais le désir de son âme ne se produit pas au jour et ne s'accomplit pas. ‖ S'il pouvait réaliser son dessein au gré de ses efforts, ‖ il n'y aurait plus aucune justice sur la terre. ‖ Et s'il avait eu un moyen d'accomplir ses ruses contre les justes, ‖ il aurait effacé le nom des partisans de Diodore d'entre les vivants.

[L. 16-20.] Cette troupe, il l'a haïe et il la hait plus que toute autre, ‖ parce qu'il sait qu'elle peut délier les liens de sa perfidie. ‖ Toutes les ruses du perfide, les sages les ont dévoilées, ‖ et ils ont montré sa fausseté aux yeux des terrestres et des célestes. ‖ Dans les hérétiques, il cacha les différentes espèces d'erreur,

[L. 21-24.] mais les sages les mirent à nu aux yeux de toutes les créatures. ‖ De lâches soldats il s'est choisi, le lâche, contre les justes; ‖ mais ils ne purent triompher dans le combat contre les véridiques. ‖ Comme avec le glaive, les justes dévastèrent l'armée de sa fausseté,

[P. 480, l. 1-5.] et il n'en resta qu'un petit nombre pour être témoins de sa défaite. ‖ Sa défaite, il l'a vue, le coupable plein de péchés, ‖ et voici qu'il s'irrite et vomit sa bile par la bouche des sots. ‖ Il veut poursuivre la vengeance de son humiliation sur les vainqueurs, ‖ Diodore, Théodore et Nestorius.

[L. 6-10.] Non, Damné, tu n'as pas la force de

combattre, ‖ car tu as appris, par l'expérience, à connaître la force des soldats vaillants! ‖ Voici que tu les as éprouvés dans la lutte qu'ils ont soutenue contre tes troupes, ‖ qui ont fui et se sont cachées; elles n'ont pu résister au jour du combat. ‖ Et si ce n'est pas, montre-moi celui de tes soldats qui a vaincu les véridiques,

[L. 11-15.] et quand, et où, et dans les jours de qui[1], a eu lieu sa victoire? ‖ Où est Simon l'aîné, qui le premier tomba dans tes turpitudes? ‖ Où sont tous ceux qui tour à tour furent les disciples de ta doctrine fourbe? ‖ Voici qu'ont disparu et se sont évanouis tous les schismes que tu as engendrés sur la terre, ‖ et il n'est pas même resté d'eux un survivant pour ta honte.

[L. 16-20.] Si, pour ta honte subsiste un petit reste d'hérésies, ‖ guettant comme des loups le passage des troupeaux. ‖ Au passage des troupeaux, les hérétiques sont réunis à toute heure, ‖ et ils n'ont pas honte d'être rejetés et repoussés comme des malfaiteurs. ‖ La parole des justes les a chassés loin des brebis,

[L. 21-24.] et surtout le grand zèle des partisans de Diodore. ‖ Les partisans de Diodore ont abaissé l'orgueil de toutes les hérésies, et les livres qu'ils ont écrits témoignent de leurs labeurs. ‖ Dans leurs livres, est inscrite la mémoire de leurs triomphes,

---

[1] A : «et où donc dans mes jours».

[P. 481, l. 1-5.] quand ils ont commencé et quand ils ont terminé la lutte qu'ils ont soutenue. ‖ Aux jours de Valens, fut le commencement de leurs luttes, ‖ aux jours de cet homme qui soutenait la fourberie des partisans d'Arius. ‖ Il releva la tête abaissée des partisans d'Arius, ‖ et chassa les prêtres justes loin des brebis[1].

[L. 6-10.] A cette époque, dans ces temps durs, vécurent les justes, ‖ et ils triomphèrent vraiment du temps et de sa dureté. ‖ Le maître des temps les envoya contre les temps, ‖ comme un roi qui choisit ses soldats pour les luttes difficiles. ‖ Il fut dur le temps des trois soldats vaillants,

[L. 11-15.] et ce fut le commencement de la lutte contre les hérétiques. ‖ Extraordinairement belliqueux était le parti des Ariens, ‖ et un roi belliqueux encourageait leurs combats. ‖ Le roi et le peuple s'étaient levés comme un seul homme contre les justes, ‖ mais ils ne purent résister aux véridiques.

[L. 16-20.] Ô la victoire que remportèrent sur la terre des hommes terrestres! ‖ Ils vainquirent le monde et foulèrent aux pieds la nature mortelle. ‖ Ô les mortels qui ont remporté des succès immortels, ‖ et ont laissé sur la terre le renom de leur victoire pour les siècles à venir! ‖ Ô les guides, qui ont frayé le chemin par un labeur pénible,

[L. 21-24.] et qui ont appris aux hommes à se diriger vers le rendez-vous du ciel! ‖ Vers le rendez-

---

[1] Valens (364-378) persécuta les orthodoxes et les semi-ariens et envoya saint Athanase en exil.

vous du ciel, ont marché les sages en instruisant les hommes, ‖ et c'est une merveille que, sur la terre, ils aient accompli des œuvres célestes. ‖ Une grande merveille fut en effet la conduite des terrestres.

[P. 482, l. 1-5.] Leur vie m'a forcé à raconter leur vie, ‖ et l'oppression qu'ils ont subie m'a engagé à blâmer leurs oppresseurs. ‖ Leurs oppresseurs rendront raison de leur oppression, ‖ car, alors qu'ils étaient justes, ils les ont condamnés faussement. ‖ J'ai voulu venger cette oppression sur les oppresseurs,

[L. 6-10.] et mon esprit m'a forcé à produire des paroles de blâme. ‖ Aux paroles des insensés, j'ai dû répondre, ‖ et j'ai raconté[1] l'histoire de la vie des justes. ‖ Les justes attesteront que juste est la pensée de mon homélie ‖ et que j'ai convenablement discuté en faveur des justes contre les menteurs.

[L. 11-15.] Cessez, ô menteurs, tout commerce avec le mensonge, ‖ et voyez et considérez combien beau est le commerce avec les justes. ‖ Que le commerce avec les justes soit cher à tout homme d'un esprit juste, ‖ et que, dans leurs entretiens, il s'instruise toute sa vie. ‖ La méditation avec les véridiques fait acquérir la vie impérissable;

[L. 16-20.] venez, méditons sur le sens de la vie qui sort de leurs paroles. ‖ Les véridiques ont aimé, plus que tout, la vie de l'homme, ‖ et, à cause de l'homme, ils ont subi l'outrage des insulteurs. ‖ Ils ont

---

[1] Dans le texte, p. 482, l. 8, ܐܘܫܛ est certainement une faute de copiste pour ܐܫܛ.

vu que l'ami des hommes[1] prenait soin de l'homme, ‖ et ils se sont efforcés d'imiter le but de son amour[2].

[L. 21–24.] Le but de son amour, les athlètes de la justice l'ont atteint. ‖ Venez, apprenons à atteindre le but de leur conduite. ‖ Plaçons leur vie comme un but devant nos esprits, ‖ et voyons si notre âme n'est pas enlaidie par le laid péché.

[P. 483, l. 1–5.] Effaçons à toute heure la souillure du péché de nos esprits, ‖ pour n'être pas mis à nu devant le tribunal dont l'examen est juste. ‖ Répons : ‖ Béni soit le Seigneur, dont les serviteurs dorment! ‖ Puisse-t-il glorifier leur mémoire!

HOMÉLIE DE NARSÈS.

CANTIQUE (SOUGITHA) DE CETTE HOMÉLIE.

[P. 484, l. 2–5.] Les prêtres[3] qui ont aimé leur Créateur ‖ et qui ne l'ont pas soumis à la douleur[4] ‖

---

[1] Jésus-Christ.
[2] Narsès joue sur les sens du mot ܢܝܫܐ qui signifie «penchant, instinct, sens, signe, but». Ce jeu de mots ne peut être rendu en français.
[3] Sous le nom de «prêtres», Narsès, dans la *sougitha* comme dans l'homélie, désigne les évêques, soit les trois docteurs nestoriens, soit Cyrille d'Alexandrie et les évêques orthodoxes.
[4] D'après les Nestoriens, on ne pouvait pas dire en parlant du Christ que Dieu avait souffert. La doctrine catholique permet au contraire l'emploi de cette expression et, en général, l'attribution à

ont vaincu les méchants par la puissance du Fils, ∥ et ont détruit par elle leurs armées.

[L. 6–10.] Les prêtres illustres et glorieux, ∥ qui ont aimé l'amour de leur Créateur, ∥ ont prié et sollicité le Seigneur, ∥ pour que la miséricorde fût sur le monde. ∥ Bénie soit la grâce qui vous a instruits,

[L. 11–15.] prêtres illustres qui aimèrent leur Seigneur! ∥ Que le Verbe du Père, qui a revêtu un corps, ∥ vous fortifie lui-même contre les ennemis. ∥ L'Égyptien, le loup dévastateur, ∥ voici qu'il s'est élevé contre vos assemblées,

[L. 16–20.] en disant que le Seigneur ∥ s'est humilié et est devenu chair[1]. ∥ Un prêtre illustre d'entre vous ∥ s'est dévoué pour le vaincre, ∥ et il a pris en main la puissance du Père,

[L. 21–23.] comme une arme invincible. ∥ — (I Cyrille.) S'il est, ô loup, comme tu le dis, ∥ que le Verbe du Père a revêtu un corps,

[P. 485, l. 1–5.] tu crois donc au Fils, quatrième personne; ∥ sors de l'Église qui te chasse. ∥ — (I Nestorius.) Si je dis comme toi ∥ que le Verbe du Père est devenu chair, ∥ alors que l'Église me chasse,

[L. 6–10.] parce que j'aurai blasphémé et parlé selon ta parole. ∥ — (II Cyrille.) Le Fils éternel est

---

une des natures, divine ou humaine, des propriétés particulières à l'autre nature, à cause de la coexistence de ces deux natures dans la même personne, celle du Verbe. C'est ce qu'on appelle la *communication des idiomes*.

[1] Phil. II, 8; Joan. I, 14.

devenu chair, ‖ et sa grande gloire est descendue sur terre; ‖ et il s'est enfermé dans la Vierge, ‖ et il s'est snspendu au sommet de la croix.

[L. 11–15.] — (II Nestorius.) Le Fils éternel est devenu chair! ‖ Ils l'ont proclamé de la maison de David, ‖ les prophètes apôtres; de même l'a déclaré ‖ l'ange qui l'a annoncé à la Vierge[1]. ‖ — (III Cyrille.) Il a parfait la loi par sa venue,

[L. 16–20.] il a accompli les prophètes par l'effusion de son sang; ‖ l'annonciation de l'ange qui fut envoyé ‖ fut comme l'entendit sa mère. ‖ — (III Nestorius.) Enlevez le voile de vos cœurs, ‖ et voyez ce que les Livres disent :

[L. 21–25.] « Le Fils du Père a pris de nous ‖ un corps manifeste et a habité en lui. » ‖ — (IV Cyrille.) Tu es étonnant, toi qui n'entends pas ‖ ce que dit le Fils du tonnerre : ‖ « La personne du Verbe est devenue chair[2] »;

[P. 486, l. 1–5.] pourquoi discutes-tu au lieu d'en convenir? ‖ — (IV Nestorius.) C'est toi qui es étonnant, car à tes oreilles font retentir ‖ toutes les Écritures et les Livres, ‖ que Jésus, le Rédempteur du monde, ‖ sa gloire s'est élevée de la maison de David[3].

[L. 6–10.] — (V Cyrille.) Voici le médiateur entre moi et toi; ‖ écoute, ô homme, le grand Paul : ‖ « Dieu a envoyé son fils, ‖ et il est devenu chair dans

---

[1] Luc, I, 26-38.
[2] Joan., I, 14.
[3] Rom., I, 3.

la Vierge¹. » ‖ — (V Nestorius.) Voici que Paul lui-même s'écrie à son sujet :

[L. 11-15.] « Il est le médiateur entre son Père et nous². » ‖ Et toi, rebelle, pourquoi nies-tu ‖ que le Fils du Père a revêtu un corps? ‖ — (VI Cyrille.) Et si c'est notre corps qui est mort, ‖ qui a subi la passion et qui a été crucifié,

[L. 16-20.] voici que les Juifs ont tué un homme. ‖ Pourquoi niez-vous votre haine? ‖ — (VI Nestorius.) Si le Verbe du Père est devenu ‖ une vile chair, comme tu le dis, ‖ tu es le compagnon de cette troupe

[L. 21-25.] qui a tué son Seigneur et l'a outragé. ‖ — (VII Cyrille.) Le tremblement qui eut lieu à cette heure³ ‖ me rend témoignage de ce que j'ai dit, ‖ car des rochers ne se sont jamais fendus ‖ parce qu'un homme était tué.

[P. 487, l. 1-5.] (VII Nestorius.) Le tremblement qui eut lieu à cette heure ‖ était pour blâmer le peuple qui n'avait pas cru ‖ qu'il était le Fils de Dieu, comme l'avait annoncé ‖ l'ange à sa mère dans son message⁴. ‖ — (VIII Cyrille.) Voici que la grâce et la miséricorde proclament

[L. 6-10.] que le Verbe du Père était au commen-

---

¹ Gal., IV, 4.
² I Tim., II, 5.
³ Matt., XXVII, 51.
⁴ Luc, I, 32, 35.

cement¹, ‖ qu'il descendit et habita dans la Vierge. ‖ se fit chair² et goûta la mort. ‖ — (VIII Nestorius.) Vois ce que dit de lui Pierre : ‖ il l'a appelé créature et maître³ ;

[L. 11-15.] et, s'il l'a appelé créature, ‖ il est inférieur à son Père qui l'a créé. ‖ — (IX Cyrille.) Tu t'égares, car tu n'entends pas ‖ ce que disent tous les Livres, ‖ que seigneur de la gloire l'a proclamé

[L. 16-20.] le grand Paul, pendant qu'il enseignait⁴. ‖ — (IX Nestorius.) Tu t'égares, ô rebelle, ne soutiens pas ‖ que celui qui ressuscite les morts a goûté la mort ; ‖ car celui de Tarse l'a proclamé⁵ ‖ et toi, impie, ne discute pas.

[L. 21-24.] — (X Cyrille.) Jean aussi l'a baptisé, ‖ et il ne voulait pas le baptiser⁶, ‖ parce qu'il le craignait, et il tremblait de crainte ‖ d'étendre la main sur le Seigneur de l'univers.

[P. 488, l. 1-5.] — (X Nestorius.) Jean aussi l'a proclamé, ‖ l'a appelé l'agneau⁷ devant le monde⁸, ‖ et les eaux aussi dans lesquelles il a été baptisé ‖ ont

---

¹ Joan., I, 1. C'est l'évangéliste saint Jean que Narsès désigne sous le nom de «la grâce et la miséricorde».
² Joan., I, 14.
³ Allusion à Act., II, 36.
⁴ I Cor., II, 8.
⁵ Rom., VIII, 11.
⁶ Matt., III, 13-16.
⁷ Joan., I, 29.
⁸ A : «entre les peuples».

couvert la chair et non le Verbe. ‖ — (XI Cyrille.) Voici que le livre de Paul nous confirme

[L. 6-10.] que le Père a parlé sur lui-même par son Fils[1], ‖ et toi tu cries et toi tu proclames ‖ que le Verbe du Père a revêtu un corps. ‖ — (XI Nestorius.) Combien aveugle est ton cœur! Et n'as-tu pas entendu‖ que Matthieu l'a proclamé fils de David[2],

[L. 11-15.] et Luc est d'accord avec lui ‖ que c'est le fils de Joseph qui a subi la passion[3]. ‖ — (XII Cyrille.) N'entends-tu pas s'écrier ‖ le grand Moïse : « Il a parlé avec moi, ‖ face à face j'ai contemplé sa gloire[4]. »

[L. 16-20.] Laisse-toi convaincre, ô homme, et ne discute pas. ‖ — (XII Nestorius.) N'as-tu pas entendu Moïse, quand il demanda : ‖ « Montre-moi ta gloire et je te contemplerai. » ‖ Et le Seigneur de l'univers lui répondit : ‖ « Tu ne peux pas me contempler[5]. »

[L. 21-24.] — (XIII Cyrille.) Au Fils lui-même, tu as entendu dire : ‖ « Je suis en mon Père et mon Père est en moi[6]. » ‖ Et toi, ô homme, comment peux-tu proclamer ‖ que le Verbe a revêtu le corps d'un homme!

[P. 489, l. 1-5.] — (XIII Nestorius.) J'ai appris

[1] Heb., I, 2.
[2] Matt., I, 1.
[3] Allusion à Luc., III, 23, et IV, 22.
[4] Exode, XXXIII, 11.
[5] Exode, XXXIII, 18-23.
[6] Joan., X, 38; XIV, 10, 11.

de lui qu'il disait : | « Je suis de la race des mortels », ‖ car il s'est appelé lui-même Fils de l'homme[1]; ‖ et toi, ô homme, tu l'as calomnié. ‖ — (XIV Cyrille.) Les êtres de feu et les troupes d'en haut,

[L. 6-10.] au moment de sa passion, étaient attristés ‖ de voir la gloire du Maître de l'univers ‖ outragée par ses ennemis. ‖ — (XIV Nestorius.) Les êtres de feu, il les appela à son aide, ‖ au moment de sa passion, lorsqu'il fut crucifié[2];

[L. 11-15.] et s'il était le Verbe, qu'avait-il besoin ‖ qu'un ange vînt pour le fortifier. ‖ — (XV Cyrille.) Voici que la prédication de Paul proclame ‖ que celui qui est descendu est aussi celui qui est monté[3]; et toi, ô homme, tu prétends

[L. 16-20.] que le Verbe a revêtu le Fils de l'homme! ‖ — (XV Nestorius.) Voici que la prédication de Paul proclame ‖ qu'il l'a fait asseoir sur le trône de gloire[4]; ‖ mais s'il l'a fait asseoir, ‖ son trône n'était donc pas éternel?

[L. 21-24.] — (XVI Cyrille.) Ton cœur est aveugle, et ne sais-tu pas ‖ que Paul lui-même enseigne de lui ‖ que la divinité habite en lui ‖ et que le Verbe est l'habitation de Dieu[5]?

(*La strophe de Nestorius manque dans les deux manuscrits.*)

---

[1] Matt., xx, 18; xxvi, 24, etc.
[2] Luc., xxii, 43.
[3] Eph., iv, 10.
[4] Eph., i, 20.
[5] Col., ii, 9.

[P. 490, l. 1–5.] — (XVII Cyrille.) Ouvre les Livres et lis-les, ‖ et entends et écoute les Pères, ‖ qui disent que Dieu le Verbe ‖ subit la passion et fut mis en croix[1]. ‖ — (XVII Nestorius.) Ouvre tes oreilles, ô misérable,

[L. 6–10.] et écoute Pierre qui a enseigné ‖ que Jésus est un homme qui est mort[2]; ‖ cesse tes blasphèmes et ne conteste pas. ‖ — (XVIII Cyrille.) Le fils du tonnerre a voulu nous instruire, ‖ lui qui a appelé Dieu le Verbe;

[L. 11–15.] et il a proclamé qu'il s'est fait chair[3], ‖ et qu'il est descendu et qu'il est monté selon sa volonté[4]. ‖ — (XVIII Nestorius.) La prière qui eut lieu, ô misérable, ‖ au moment de la passion[5], de qui fut-elle ? | Serait-ce de Dieu le Verbe ?

[L. 16–22.] Cesse tes blasphèmes, qu'enseignes-tu ? ‖ — (XIX Cyrille.) Les Livres proclament et disent ‖ que Dieu est mort et a été enseveli[6], ‖ et toi, ô homme, voici que tu soutiens ‖ que c'est un homme qui est mort et non pas le Seigneur. ‖ — (XIX Nestorius.) Le Messie s'écrie, ne l'entends-tu pas ? ‖ « J'ai revêtu le corps des mortels[7] »,

[1] I Cor., II, 8.
[2] Act., II, 22 et 23.
[3] Joan., I, 14.
[4] Eph., IV, 10.
[5] Matt., XXVI, 29-44; Marc., XIV, 32-39; Luc., OXII, 39-45, et Marc., XV, 34.
[6] I Cor., XV, 3-4.
[7] Heb., X, 5.

[P. 491, l. 1-5.] et toi, ô calomniateur, voici que tu prétends ‖ que c'est Dieu le Verbe qui a été mis en croix. ‖ — (XX Cyrille.) Le grand Paul s'est écrié ainsi, ‖ et il l'a proclamé Seigneur de la gloire[1], ‖ et ce n'est pas un homme, comme tu dis :

[L. 6-10.] pourquoi contestes-tu et n'es-tu pas d'accord? ‖ — (XX Nestorius.) Le maître de Paul s'est écrié ainsi : ‖ « Je suis un homme et en moi demeure ‖ le Père[2], qui m'a envoyé dans le monde[3] ‖ afin que je sauve les hommes de la malédiction[4]. »

[L. 11-15.] — (XXI Cyrille.) Voici que le soleil et les rochers témoignent, ‖ et le voile du temple, lorsqu'il fut divisé[5], ‖ que ce n'est pas pour un homme que cela arriva, ‖ mais bien pour leur Créateur. ‖ — (XXI Nestorius.) Écoute le prophète qui s'écrie au sujet de lui :

[L. 16-20.] « Son nom sera appelé Emmanuel[6] », et de qui est le nom qui a été imposé, ‖ si ce n'est d'un homme qui a été conçu? ‖ — (XXII Cyrille.) Louange à toi, Maître de l'univers, ‖ qui as appris à tes enfants à t'adorer;

[L. 21-24.] et les hérétiques qui ont calomnié ton fils, ‖ tu as caché ta gloire à leur cœur. ‖ — (XXII Nestorius.) que l'Église chante avec allégresse, ‖ dans la commémoraison des prêtres, la gloire

---

[1] I Cor., ii, 8.
[2] Joan., xiv, 10.
[3] Joan., iii, 17; x, 36-38, xvii, 18.
[4] Gal., iii, 13.
[5] Matt., xxvii, 51.
[6] Isaïe, vii, 14; Matt., i, 23.

[P. 492, l. 1 à 4.] de celui dont la grande puissance habita en eux, ‖ et ils ont triomphé et vaincu par la force de sa sagesse.

SONT FINIES L'HOMÉLIE ET LA SOUGITHA;

À DIEU LA GLOIRE.

ERRATA.

Pendant le tirage du texte syriaque (cahier de novembre-décembre 1899, p. 450-492), un certain nombre de lettres ont été malheureusement brisées et déformées. Nous indiquons ici les mots dans lesquels cet accident s'est produit :

Page 458, ligne 16 : ܘܟܠܗ

P. 459, l. 16 : ܦܪܚ

P. 460, l. 10 : ܐܘܒܕ

P. 463, l. 12 : ܕܥܠܬܐ

P. 474, l. 13 : ܘܠܐ

P. 475, l. 25 : ܒܟܠܗܘܢ

P. 476, l. 10 : ܕܠܐ; l. 14 : ܕܠܐ; l. 18 : ܚܘܠ; l. 19 : ܚܝܘܬܐ ܟܠܗ; l. 20 : ܟܠܗ, ܠܐ; l. 21 : ܒܠܚܘܕ

P. 477, l. 5 : ܡܘܢܐ; l. 11 : ܠܒܪܝܬܐ; l. 16 : ܡܚܣܢܕܬܐ; l. 22 : ܐܙܠ; l. 23 : ܠܢܗܝܪ

P. 478, l. 22 : ܗܘܠܐ

P. 482, l. 19 : ܬܠ

P. 485, l. 23 : ܪܠܐ ; l. 25 : ܒܬܠܐ

P. 486, l. 10 : ܬܠܐܘܡ, ; l. 11 : ܐܟܒܪܐܘܡ, ; l. 25 : ܐܟܕܒܬܠ

P. 487, l. 7 : ܒܬܠܬܠܐ

P. 489, l. 7 : ܪܕܠ ; l. 20 : ܠܐ

P. 491, l. 5 : ܘܠܘ

TABLE DES MATIÈRES

CONTENUES DANS LE TOME XV, IXe SÉRIE.

MÉMOIRES ET TRADUCTIONS.

Pages.

La légende de Satok Boghra Khân et l'histoire. (F. Grenard.)   5

L'art de la fortification dans la haute antiquité égyptienne. (Raymond Weil.).................. 80

Les inscriptions du Bakan et la grande inscription d'Angkor Vat. (Ét. Aymonier.)................ 143

L'art de la fortification dans la haute antiquité égyptienne. (Raymond Weil.) [Fin.].............. 201

La déclinaison et l'accent d'intensité en Perse. (A. Meillet.) 254

Les Hova sont-ils des Malais? Essai d'une étude comparative entre les dialectes hova et sakalava. (E.-F. Gautier.).... 278

Les missions de Wang Hiuen-ts'e dans l'Inde. (S. Lévi.)... 297

Les missions de Wang Hiuen-ts'e dans l'Inde. (S. Lévi.) [Fin.] 401

Homélie de Narsès sur les trois docteurs nestoriens. (Fr. Martin.) [Fin.]............................ 469

L'époque de Kaniska. (A.-M. Boyer.)................. 526

NOUVELLES ET MÉLANGES.

Procès-verbal de la séance du 12 janvier 1900............ 176

   Annexe au procès-verbal : Empédocle, les Manichéens et les Cathares. (Clermont-Ganneau.).......................... 179

   Ouvrages offerts à la Société................... 186

Procès-verbal de la séance du 9 février 1900............ 188

   Ouvrages offerts à la Société................... 189

   Bibliographie : Le Maroc inconnu, par M. Aug. Mouliéras.

(J. DE GOEJE.) — Note sur le «Livre de la Création». (CLERMONT-
GANNEAU.) 191

Errata 200

Procès-verbal de la séance du 9 mars 1900 342

   Annexe au procès-verbal : Note sur quelques fragments d'inscriptions du Turfan.. 343

   Ouvrages offerts à la Société................................ 360

Procès-verbal de la séance du 6 avril 1900 362

   Annexe au procès-verbal : Sur la langue youkahire 363

   Ouvrages offerts à la Société................................ 366

   Mémoire sur les fêtes funéraires et les incinérations qui ont eu lieu à Phnôm-Pénh (Cambodge) du 27 avril au 15 mai 1899. (Adh. LECLÈRE.)... 368

   Note sur la Mystagogie du «Testament du Seigneur». (J. PARISOT.)... 377

   Notice sur les œuvres de Schenoudi. (AMÉLINEAU.) 381

   Bibliographie : The Syriac Chronicle known as that of Zachariah of Mitylene, translated..... by F. J. Hamilton and E. W. Brooks. (R. DUVAL.) — Die sogenannte Kirchengeschichte des Zacharias Rhetor,... herausgegeben von K. Ahrens und G. Krueger. (R. DUVAL.) — Al-Mostatraf, recueil... par le saik Chihâb-ad-din Ahmad Al-Absihi, traduit... par G. Rat. (O. HOUDAS.) — The History of the blessed Virgin Mary and the history of the likeness of Christ, by W. Budge. (F. NAU.) — Annonces bibliographiques. (E. DROUIN.)................................ 384

Procès-verbal de la séance du 11 mai 1900 580

   Ouvrages offerts à la Société................................ 582

   Note sur les anciennes chrétientés nestoriennes de l'Asie centrale. (Ch.-E. BONIN.) 584

   Note sur l'identité de formation de l'écriture arborescente en turc et en runique. (DECOURDEMANCHE.)....................... 592

   Bibliographie : Méthode d'enseignement, de traduction, de conversation et de style français, à l'usage des étudiants turcs. (M. V.) 599

www.ingramcontent.com/pod-product-compliance
Lightning Source LLC
Chambersburg PA
CBHW071850230426
43671CB00012B/2138